REFLEXIONES EN TORNO A UN MÉTODO DEL DISEÑO ARQUITECTÓNICO I

COLECCIÓN

ARQUITECTURA Y HUMANIDADES

MARÍA ELENA HERNÁNDEZ ÁLVAREZ

COMPILADORA

Primera edición 2015

Directorio

Dra. en Arq. María Elena Hernández Álvarez
Directora

Mtra. en Arq. Patricia Barroso Arias
Coordinación de Contenido Editorial
Versión impresa y versión digital en: www.architecthum.edu.mx
Colaboración:
Arq. Milena Quintanilla Carranza

Mtro. en Arq. Federico Martínez Reyes
Coordinación Editorial
Colaboración:
Roberto Israel Peña Guerrero

Mtro. Guillermo Samperio/Rodrigo de Sahagún
Fundación Cultural Samperio, A.C.
Revisión ortotipográfica y de estilo

Ilustración de portada:
Federico Martínez Reyes

©ARCHITECTHUM PLUS S.C.
Díaz de León 122-2
Aguascalientes, Aguascalientes
México CP 20000
libros@architecthum.edu.mx

ISBN 978-607-9137-33-5

Presentación

La construcción de la Teoría de la Arquitectura, que es el sustento de todo diseño arquitectónico, implica un complejo proceso reflexivo y crítico mediante el cual se verifica a distancia y en profundidad la enseñanza y la praxis del oficio de ser arquitecto. Si la Arquitectura, es decir, lo habitable, le concierne a todo ser humano, las premisas de ella misma sólo pueden concebirse de manera transdisciplinaria sustentándose en todos los campos del conocimiento porque, además, es a todos ellos a quien va destinado su servicio.

Asimismo, las manifestaciones del humanismo están asociadas a la conciencia social del hombre y a sus circunstancias existenciales en el mundo, de tal suerte que se deben ir generando consideraciones ontológicas y epistémicas en el plano formativo y profesional para el arquitecto. Por ello, asumir una formación humanista desde sus más altos y nobles ideales, constituye una necesidad cada vez más apremiante en el mundo de hoy; y es esto lo que nos transmite una imagen del arquitecto como persona que piensa, que crea y que produce una arquitectura orientada hacia el bien común.

Actualmente, gracias a esfuerzos de profesores e investigadores de nuestro Programa Académico, como la Dra. María Elena Hernández y de su grupo de colaboradores, proyectos editoriales como esta Colección Arquitectura y Humanidades, hacen posible pensar en una Teoría de la Arquitectura impresa con un sello particular en donde el proceso de enseñanza aprendizaje no se concibe ya como un proceso educativo centrado únicamente en la adquisición de conocimientos y habilidades, sino como un compromiso reflexivo y crítico que reclama un cambio de orientación dirigido a la búsqueda de nuevos nexos y relaciones disciplinares, particularmente aquí con las Humanidades.

Así, validando este enfoque transdisciplinar, se escriben y difunden en este proyecto editorial, colección Arquitectura y Humanidades, ideas artísticas, científicas, éticas, filosóficas, poéticas e históricas, que provienen de numerosas visiones del mundo arquitectónico, sustentadas en ideologías, teorías y posturas que están en correspondencia con las exigencias del mundo contemporáneo.

Es esencial que nuestra Facultad de Arquitectura sea parte de las instituciones educativas que contribuyen a la formación de arquitectos conscientes y reflexivos para que esto nos permita, no solamente vivir en el mundo actual, sino además, transformarlo de manera transdisciplinaria para la sustentabilidad y sostenibilidad que el futuro nos demanda.

Así, la Colección Arquitectura y Humanidades nos convoca a la reflexión filosófica que comprende a la arquitectura desde su núcleo, el hombre, y al arquitecto como el profesional dotado de razón, de conocimiento y de capacidad para construir, pensar y diseñar lugares de verdadera calidad habitable.

Sabemos que este proyecto editorial queda establecido para ser puerta abierta permanente a las colaboraciones de quienes consideren el trabajo transdisciplinario como una fuente necesaria para validar, hoy más que nunca, las pautas de diseño de los espacios que los seres humanos habitamos.

Mtro. en Arq. Alejandro Cabeza Pérez
Coordinador del Programa de Maestría y Doctorado en Arquitectura
Facultad de Arquitectura
Universidad Nacional Autónoma de México
Enero de 2015

Prólogo

La *Colección Arquitectura y Humanidades*, tiene el objetivo de fortalecer los lazos entre ambos campos de conocimiento, ya que uno sin el otro no podrían concebirse. Si comprendemos que, tanto la Arquitectura como las Humanidades conciernen a todo ser humano, es por ello que este proyecto centra su propósito en compartir los esfuerzos de muchas personas por enriquecer los encuentros transdisciplinarios que coadyuvan al compromiso con la calidad de las pautas de diseño de los espacios que habitamos los seres humanos.

En este proyecto editorial presentamos numerosos trabajos de exalumnos y profesores del Seminario y Taller de Investigación *Arquitectura y Humanidades* fundado en 1997 en el Programa de Maestría y Doctorado en Arquitectura de la Universidad Nacional Autónoma de México. A partir de ese año, esta *Colección Arquitectura y Humanidades*, tanto en sus versiones digitales como en la impresa, también se ha visto enriquecida de manera significativa con la generosa colaboración de muchos académicos y profesionales de diversas instancias y países.

Los números de este proyecto editorial se presentan organizados en temáticas generales abiertas para multiplicarse secuencialmente. Los artículos en cada número dan a conocer importantes reflexiones teóricas cuyo interés primordial es contribuir a la formación de investigadores y de docentes, así como el promover la generación y divulgación del conocimiento y la cultura arquitectónica y humanística.

Inaugura la lista de autores el Dr. Jesús Aguirre Cárdenas, quien, además de contribuir con un importante ensayo sobre el tema central de esta Colección, ha otorgado en todo momento su apoyo al proyecto académico *Arquitectura y Humanidades*. Expreso aquí mi profunda gratitud y admiración al Dr. Jesús Aguirre Cárdenas por su confianza a esta propuesta académica editorial y, sobre todo, por su inigualable ejemplo humano a seguir; él siempre abriendo caminos.

Por mi conducto, todos los autores que participamos en esta Colección expresamos nuestra gratitud a las autoridades de la Facultad de Arquitectura de la Universidad Nacional Autónoma de México, especialmente a su Director el Arquitecto Marcos Mazari Hiriart, al Maestro en Arquitectura Alejandro Cabeza Pérez, Coordinador del Programa de Maestría y Doctorado en Arquitectura y al Maestro en Arquitectura Salvador Lizárraga, Coordinador editorial de la Facultad de Arquitectura, por el reconocimiento que otorgan a la trayectoria de los autores que participan en esta *Colección Arquitectura y Humanidades*, así como a la calidad de los ensayos que en ella se presentan.

Finalmente, mi especial reconocimiento a la Maestra en Arquitectura Patricia Barroso Arias y al Maestro en Arquitectura Federico Martínez y a sus colaboradores por las incontables horas de entrega, creatividad, compromiso, liderazgo y confianza a este proyecto editorial.

María Elena Hernández Álvarez
México, Distrito Federal , diciembre de 2014

REFLEXIONES EN TORNO A UN MÉTODO DEL DISEÑO ARQUITECTÓNICO I

Introducción

PATRICIA BARROSO ARIAS

Reflexionar en torno a un método de diseño arquitectónico invita a los diversos autores a discernir sobre diferentes premisas, estrategias y pasos inmersos en el desarrollo de la imagen de la forma, por ello se plantean otros puntos de vista sobre lo que ocurre cuando se diseña. En este caso, el proyecto se comprende como la realidad plasmada de la materia del diseño y como construcción creativa e imaginaria contiene el germen de la "sustancia arquitectónica". En este caso, lo arquitectónico no se define en la cosa, sino en la causa; es decir en la serie de contenidos formales que identifica y prefigura el arquitecto en el proyecto.

Es en este contenido imaginario y plasmado, donde se detona el proceso productivo que genera una imagen, por ello, los autores nos ofrecen algunos debates y desacuerdos sobre el divorcio existente entre pensar y sentir, y se formulan cuestiones interesantes sobre si podemos deducir y aclarar todo lo que acontece en el proceso proyectual. En esta "formulación imaginaria" podemos concebir patrones perceptivos para configurar a la forma, pero queda todavía mucho por aclarar. La información que se plasma y se vuelve externa al propio espacio mental puede cosechar una interpretación conceptual que oscila entre la experiencia, la memoria, la identificación y el contacto con el mundo desde un contexto dado.

Pero ¿qué sabemos de los métodos, cómo inciden en la producción arquitectónica y qué herramientas utilizamos para ello? La formación en las nuevas tecnologías no está teniendo el auge esperado debido a algunos factores que la están dificultando como la deficiencia en la formación del profesorado, el crecimiento exponencial que experimenta la implantación de las tecnologías digitales y su plena incorporación a la enseñanza de la arquitectura es sólo cuestión de tiempo. Ya sea por voluntad de las Escuelas, presión del mercado de trabajo o por iniciativa de los propios estudiantes, los programas de dibujo asistido, para establecer las mediciones, el cálculo de estructuras e instalaciones, los sistemas de información geográfica y otras aún desconocidas, terminarán por convertirse en instrumentos docentes cotidianos.

Esta implantación académica no será sencilla y habrá que dedicar mucho esfuerzo para intercambiar experiencias y contrastar resultados, así como a adecuar los planes de estudio y métodos didácticos al aprendizaje de estos aparatos, en un proceso condicionado por la evolución de las tecnologías digitales y de sus utilidades. Pero esto no lo es todo, es apenas una parte involucrada en el proceso de formación de la imagen que se proyecta y diseña; con esta consciencia sobre la constitución de la obra arquitectónica y de los elementos que la integran, los autores se adentran también en la reflexión del espacio habitable y su caracterización bajo un lenguaje estético.

La preocupación por el usuario y la comprensión de su ambiente, permiten desarrollar un lazo estrecho entre ambos actores arquitecto-usuario o habitante para lograr una adecuada "construcción mental" del objeto, se debe buscar comprender al habitante más allá de los términos de practicidad. Por ello, el diseñador debe adentrarse, con especial atención, a los aspectos sustanciales del habitante, aquella esencia que enriquece y sostiene la concepción de sí mismo y su entorno, sus anhelos, creencias, voluntades o preocupaciones y su consciencia como miembro de la comunidad.

En este sentido, el habitante es interpretado como un ser biológico y físico, esto implica que el arquitecto conozca de los requerimientos ergonómicos que demandan las actividades para que el habitante las pueda realizar de manera óptima; asimismo, el habitante es un ser social, ya que muchas de las características de la identidad de los individuos están determinadas por su contexto social y cultural. En ese sentido adentrarse al conocimiento de los rasgos culturales como sus tradiciones, mitos y ritos es fundamental para que el arquitecto comprenda la manera en cómo la arquitectura se convierte en el escenario de todas sus actividades y manifestaciones socioculturales, y como ser individual genera apropiaciones, marca territorialidades y establece su privacidad.

El proyecto como hecho arquitectónico y como hecho histórico

PATRICIA BARROSO ARIAS

El proyecto se plantea como la realidad plasmada de la materia del diseño y abre una alternativa que indaga en la arquitectura, no desde el objeto, sino del material y contenido involucrado en la actividad proyectual. Reconocer esto permite elaborar una serie de pautas teóricas en un sistema abierto de categorías que se definen bajo reflexiones sobre el diseño. Con ello, se abre la opción de conocer al proyecto arquitectónico en su propio ámbito y se busca reconocer aquellos postulados teóricos que lo fundamentan.

En este sentido, se aborda la reflexión del tema del proyecto y de su condición arquitectónica en una atmósfera que trata de discernir qué es el proyecto, qué elementos lo definen y cómo se convierte en un hecho arquitectónico. Estas premisas nos inducen a una toma de conciencia teórica y crítica en el ámbito del diseño, que trata de llegar a una interpretación del proyecto como elemento instrumental que marca el devenir de lo arquitectónico. En este recorrido interpretativo de la noción proyectual existe una condición creativa, imaginaria y testimonial del acontecer de la materia en un tiempo dado, por eso tiene el valor de ser la genuina expresión de una visión singular sobre el contenido del diseño.

Finalmente, se busca interpretar al proyecto como hecho histórico desde la conformación secuencial y temporal de la imagen formal. Esto plantea que, entenderlo en su condición de hecho histórico, dependerá de una cuestión interpretativa que investiga el devenir de la materia arquitectónica, de su concepción y de su plasmación. Aquí se cuestiona principalmente ¿cómo funciona el proyecto como medio para la construcción historiográfica de la arquitectura y en dónde se encuentra dicha condición?

¿Qué es el proyecto y qué lo define?

Para responder a esta interrogante se parte de algunas interpretaciones que se le atribuyen al proyecto a fin de abstraer algunos elementos relevantes y construir una definición viable.

El "proyecto" como una construcción creativa

En el proyecto se intuye que el fenómeno creativo opera, esto indica que el término de creación como lo señala Ferrater, se entiende como "producción humana de algo, a partir de alguna realidad preexistente" [1]. En este caso, se comprende al proyecto como "creación" o "producción" humana, asimismo, De Bono explica que la creatividad humana se vale de lo que ya existe y encuentra formas impredecibles para modificarlo. Esto no sólo es originalidad ni libertad ilimitada, es algo que tarde o temprano el pensamiento ordinario tendrá que comprender, aceptar y apreciar. La creatividad puede consistir a la vez, en un redescubrimiento de lo que ya existía en forma oculta y en el surgimiento de algo nuevo [2]. Por otro lado, con respecto a esta definición, Rodríguez agrega que la creatividad es la capacidad de producir cosas nuevas y valiosas, la palabra "cosa" se toma en el sentido más amplio que incluye prácticamente todo, un método, un estilo, una relación, una actitud, una idea pueden ser objeto de la creatividad [3]. De manera que está en todo lo que somos y hacemos, está en el conocimiento de nosotros mismos y de nuestro medio concreto.

Por otra parte, la ciencia del siglo XX ha desmitificado la función de la creatividad al demostrar que no es la inspiración de las musas, sino que es el salto del inconsciente a lo consciente lo que causa la vivencia de la iluminación. Sin embargo, algunos investigadores buscan la respuesta en el terreno de la simbología y se considera que el hombre es un ser de símbolos, a través de estos, el hombre está en condiciones de poseer, percibir y tener juntas a la vez, miles de cosas. En este sentido, se muestra que la creatividad como función cognoscitiva debe distinguirse de la inteligencia, ya que no es una función unitaria o uniforme, sino que se le debe considerar en función de un gran número de factores y afecciones o capacidades mentales primarias. Frente a esto, como lo indica De Bono, el pensamiento está mezclado con el acto creativo, ya que se involucra a la cognición, la producción y la evaluación.

Siendo, la producción la más importante en materia de creatividad y la que puede manifestarse en un pensamiento convergente o en uno divergente [4].

Con ello, se puede aseverar que la inteligencia se define como la capacidad para enfrentarse a una situación nueva improvisando una reacción de adaptación nueva, con rapidez y éxito [5]; es la facultad de comprender y conocer, es la aptitud para establecer relaciones entre las percepciones sensoriales o para abstraer y asociar conceptos, integra conocimiento y habilidad [6]. La inteligencia comprende un acto cognoscitivo y evaluativo sobre las cosas o circunstancias, pero para realizar una producción nueva, innovadora y original sobre algo, se necesita del acto creativo.

La creatividad entonces, es una autoafirmación del ser, de la manera en como enfrentamos los problemas, las cosas o las situaciones ante la vida. Es fundar y establecer por primera vez una cosa; es darle vida y sentido a una nueva manera de ver o entender un hecho o un acontecimiento. Por lo tanto, la inteligencia se entiende como la aptitud (habilidad, capacidad de entendimiento, de conocimiento y dominio) que se tiene para enfrentar los acontecimientos y la creatividad se entiende como la manera de enfrentarse a las cosas (forma, actitud, modo con que se ejecuta, astucia).

Esto muestra que, para enfrentarnos a los hechos en nuestra disciplina, no sólo se necesita de la inteligencia que involucra ese dominio y habilidad cognoscitiva de la materia formal que se maneja, sino que se necesita también, de un acto creativo bajo el cual se reformule, se innove y se propongan nuevas organizaciones arquitectónicas. Por consiguiente, si se separa a la inteligencia de la creatividad, resulta una capacidad aislada que entiende, pero no propone; esto propicia la búsqueda de la incidencia de ambos conceptos para explicarlos y aplicarlos en la actividad proyectual.

Con lo anterior, se deduce que en el acto creativo, el diseñador potencializa su imaginación y es donde se manifiesta la nueva dimensión que adquiere un "proyecto" como producto de un acto consciente y reflexivo que aborda la materialidad proyectual. Aquí se da paso a la organización de contenidos formales que se incorporan gradualmente, bajo propósitos, intenciones, significaciones e imágenes.

Patricia Barroso Arias

Ensanchar la esfera de la creatividad a un hacer consciente y significativo implica incidir en el desarrollo de la actividad proyectual, como lo señala Ricard, "la creatividad persigue un constante desmarque con esa realidad, lo hecho, lo que ya existe, se halla encerrado en sí mismo y sólo contiene y refleja su propia imagen. Todo lo que "es", ha sido en función de un momento coyuntural y transitorio, y otro momento, habrá de segregar, forzosamente, otro resultado" [7].

El proyecto arquitectónico entonces, se define como producto del diseñar, dicha actividad se da bajo un acto creativo que existe en un salto que va del discurso reflexivo/deductivo, sazonado de múltiples sugerencias a una imagen plasmada y perceptible. "La creatividad es factible porque el hombre además de su racionalidad, posee también esa afectividad que le permite captar aquello que escapa a su razón" [8]. En este caso, Ricard insinúa que el acto creativo viene acompañado de un sentido metodológico necesario para conocer, recopilar, ordenar y comparar el contenido formal.

Por ello, es necesario el sentido racional para el "hacer creativo" como un conjunto de pasos basados en esquemas que permiten contemplar cierto recorrido intencional. "El método es como una operación matemática que posee sus reglas y que sólo puede conducir a unos determinados resultados: la solución se halla incluida en el propio planteamiento" [9].

Los métodos son así, caminos prefijados por la praxis o la razón lógica que enseñan un itinerario en cuyo transcurso se topan con la "inspiración", ello se aplica al "proceso de diseño" que sirve como guía para proyectar. Sin embargo, la solución formal no es sólo consecuencia de la aplicación de una base metodológica, ni del acto creativo "puro", sino que es producto de su conjunto. Entonces, la solución formal que se busca en el proyecto es resultado de un planteamiento acertado que vincula al método utilizado con la organización compositiva de los contenidos arquitectónicos en una acción creativa.

Aquí, se presume una condición interesante, que el discurso creativo necesita del "entendimiento" para efectuarse. Según Kant, el acto creativo es "esa facultad de las reglas" que permite ordenar los recursos de la sensibilidad. "El hombre precisa de todas sus capacidades reflexivas, tanto para cosecha de la información pertinente que orientará y delimitará el campo de acción, como para valorar las ideas que vagan surgiendo en el devaneo creativo" [10]. Entonces, este destello "proyectual" no puede surgir en el vacío, sino que requiere de la preexistencia de un terreno fertilizado por el "conocimiento", "la visión intuitiva ha de ser fustigada y mantenida en volandas por el saber. La intuición necesita del apoyo logístico de la razón, de una puesta en condiciones del espacio mental, para predisponer a la cometida creativa. Así, el hacer creativo se ejerce a dos niveles; el de la inspiración y el de la reflexión" [11]. En sí es vincular un sentir intuitivo con una razón.

Finalmente, entender al "proyecto" como una "construcción creativa" implica lo que señala Kant, "una íntima y sutil sinergia entre sensibilidad y entendimiento" [12]. Es aquí donde se empalma el hacer proyectual con el acto creativo, dicho acto se entiende como un mecanismo que interviene en la acción proyectiva donde se organizan conscientemente a "los materiales de diseño" con los que se trabaja.

El proyecto como una construcción imaginaria

Por otro lado, acerca de la estructura del funcionamiento intelectual, Lambert menciona cinco operaciones diferentes en el proceso mental: conocimiento, memoria, producción convergente, producción divergente y evaluación. La capacidad creadora se considera una producción divergente, es la función opuesta a la convergente; el pensamiento divergente se atreve, se arriesga y explora cosas nuevas y el convergente las organiza y las hace conscientes, en un sentido reflexivo [13].

Luego se presume que en el acto creativo interviene la imaginación, término que viene del latín imago o imagen, visión, y del latín imitare o imitar. Se define como "la capacidad de construir imágenes mentales a partir de, y en relación mediata con las percepciones, si se trata de la imaginación reproductora, o simplemente capacidad de crear libremente imágenes relacionadas con la sensibilidad, si se trata de la imaginación creadora. A esta última se la llama también «fantasía»" [14]. En la historia de la filosofía, se relaciona la imaginación con el conocimiento. Platón no la distingue de la sensación o conocimiento por imágenes y le da

21

el nombre de *eikasia* o suposición, primer grado de conocimiento sensible. Aristóteles la denomina *phantasía*, la distingue tanto de la sensación como del pensamiento discursivo y la considera capaz de error. Hobbes la define como una "sensación degradada" y la divide en simple y compuesta. Descartes la constituye comparada con la intelección en una facultad cognoscitiva de segundo orden y vinculada a lo sensible, lo cual genera una postura de desconfianza tradicional en el racionalismo que aumenta cuando se la identifica como imaginación productora.

En la propuesta de Hume desaparece esta desconfianza y representa la fuente misma de las ideas simples y complejas. Kant la define como capacidad de intuir sin objeto presente; distingue entre imaginación reproductora y creadora o productiva y asigna a esta última su propia función trascendental en el conocimiento sensible, la de procurar la síntesis o conjunción entre lo sensible y los conceptos. Kant, asocia a la imaginación productiva con la estética. En la filosofía contemporánea, Sartre critica la desconfianza tradicional respecto de la imaginación y se inspira en la fenomenología de Husserl, quien la considera algo intermedio entre la percepción y el pensamiento. "Lo «imaginario» es el mundo de la imaginación, constituido por objetos creados por la «conciencia imaginante» que tiene no sólo la capacidad de representar un objeto ausente como presente, sino también la de poder crear objetos irreales, «un mundo irreal o un antimundo», cuyo sentido es ser la negación del mundo real, con ello expresa la conciencia su libertad respecto de lo real"[15].

En sí, la creatividad surge en la construcción imaginaria al poner en práctica la ingeniería del pensamiento, que es la aplicación de los conocimientos con los que funciona fisiológicamente y psicológicamente una persona cuando realiza algo, cualquier cosa. Además, esta construcción imaginaria abarca los procedimientos que se pueden utilizar para desarrollar el potencial creativo, para esto hay que partir de modificar la percepción de las realidades y situaciones, saber relacionar causas y efectos tanto en el tiempo como en el espacio; implicando en ello una abstracción de la realidad, una desestructuración de la misma y una reestructuración en nuevos términos. Todo lo que se aprende se halla codificado en las neuronas, según Ricard y se va configurando un vasto "banco de datos", "la intuición nos anticipa cosas que mucho después llegaremos a deducir. Es como un mensaje de un «más allá» hecho de nuestro pasado y de nuestro futuro, que prevé lo que luego podremos ver" [16].

Esto sugiere diversas cuestiones ¿Puede entenderse lo imaginario como una construcción mental racional y creativa a la vez? ¿Cómo se involucra el proyecto en esa construcción imaginaria? De las nociones anteriores, se puede deducir que con esta capacidad de construir imágenes mentales y evocar ideas es como se concibe el proyecto, con una imaginación creativa y productiva que permite sintetizar los conceptos e ideas sobre la forma arquitectónica. En el mundo de lo imaginario es donde se construye lo proyectual y donde se representan mentalmente objetos que todavía no existen para hacerlos visibles. En el proyecto la concepción y la plasmación ayudan a determinar cómo será el objeto sin perder su libertad o su autonomía en el proceso de producción. Esta fase proyectual se engloba en lo imaginario para marcar una autonomía explicativa y metodológica. Por ello, se identifica a lo imaginario como una visión onírica, inexistente físicamente o tangiblemente, como una abstracción y forma inarticulada. Lo imaginario es mirar introspectivamente hacia una experiencia formal de la mente, aquí, se rememora lo que en el momento no se puede captar vivencialmente y se "resucita la memoria de las visiones articuladas que llenan la mente creativa durante un lapso de conciencia" [17]. Con esta referencia se entiende al proyecto como una construcción imaginaria que se define como:

a. Un acervo de conocimientos memorizados en el archivo mental, que son captados anteriormente por experiencias perceptivas. Según Ricard "todo lo que podemos imaginar en nuestro espacio mental proviene, siempre de ese material externo que hemos captado, o simplemente visionado, y que en alguna manera sabremos combinar, amalgamar, trastocar o refundir, hasta formularlo, en una nueva coherencia configurativa" [18]. Esto indica que hay un proceso de "percepción recuerdo" en el acto proyectual; se imaginan propuestas que fingen soluciones y simulan la materia arquitectónica para experimentar con lo que se sabe y se ha visto o captado. Entonces, si se entienden estas

23

estructuras formales a partir de la experiencia y se abstraen e identifican a los contenidos sustantivos de la forma en una especie de lectura, se va creando mentalmente un acervo de imágenes que ayuda a formular o pensar "proyectualmente". Con la ayuda de este acervo la memoria reproduce, recuerda y aporta datos; por ello, interviene en la elaboración del proyecto como "formulación imaginaria" o pensada de una cosa. Se puede partir entonces, de patrones perceptivos o "recuerdos percibidos" para configurar a la forma; de tal manera que el acto proyectual se ubique en el centro de la "memoria".

b. Una información que se plasma y se vuelve externa al propio espacio mental que se cosecha en una interpretación conceptual, en función de la materia que se persigue. En la construcción imaginaria, las ideas buscan encajar en las exigencias de lo que se quiere del objeto y bajo esta acción se ordenan los datos en una manera particular, así se enhebran conceptos dispersos como un vasto "caldo de ideas" que se fraguan en ejes conceptuales. Aquí se advierten las ideas generatrices de lo que será el objeto y se generan conceptos básicos que forman el "código genético" hasta llegar a una concreción de la imagen formal.

En este discurso conceptual, las ideas generadas bajo un acto creativo son enjuiciadas por la razón, donde "cada propuesta de solución figurada es calibrada en relación al objeto perseguido. Aquí, hay un magma lleno de conatos de ideas, de esbozos de conceptos, de figuraciones parciales que inician y se consolidan en la imagen; en sí, el concepto generado está captado y la solución proyectual definitiva hallará en la idea generatriz las respuestas y las pautas necesarias para completarse" [19]. Por lo que al elegir ciertas ideas generatrices o intenciones de diseño se decide ya un camino que guía la solución, al igual que los genes, estas ideas contienen los caracteres de la forma y tras una gestación proyectual se consolidan en algo visible, en una imagen visual. De esta manera, es posible percatarse de la forma que sólo estaba en la imaginación. El desarrollo de lo proyectual en sí, "consiste en hacer concreto el concepto abstracto imaginado, trazando un retrato cada vez más riguroso y exacto de lo aún inexistente, haciendo emerger detalles inexplorados, ocultos en sí difuminados de esa visión global intuida que es la idea" [20]. La finalidad de la actividad proyectual es hacer visibles en imágenes perceptibles esos conceptos ideados, como una aproximación a la realidad física del objeto. Por eso, el proyecto es la construcción primigenia de la arquitectura y se entiende como un evento (espacio-temporal imaginario). Asimismo, el proyecto es también un medio de expresión de las "ideas" como entes abstractos que dan contenido y significación a las cosas. De esta manera, "la materia tangible en que se fragua una idea, no es más que una sustancia impenetrable en la que ésta se "proyecta" y "expresa" [21]. Esto implica que el concepto ideado se estructura en conjunto con un material factible de representarse lingüísticamente en un proceso de mutua fertilización.

En síntesis se puede decir que en el proyecto se genera una visualización mental de la materia que se expresa; por ello se implica "una espacialidad imaginaria" donde se transita de la idea a la imagen y se previene su estructuración material y representativa. El proyecto así se define como una construcción imaginaria donde se fragua una sustancia de diseño; éste actúa como una pantalla mental en la que se van proyectando visiones mutantes de imágenes que describen cualidades formales. Y se genera la "imagen pensada" del objeto como un relato gráfico que describe la conformación material de algo que todavía no existe, así la forma informa y permite que el contenido se manifieste. Con todo ello, se ve como necesaria una "pre-visión imaginaria" que permita pronosticar cómo actúan los contenidos en la forma y que permita definir su configuración en función de una causalidad contextual, social y cultural. Concretando, se señala que en este hacer proyectual se implica a un acto creativo, a un proceso racional que lo guía (refiriéndose a su base metodológica) y a un momento imaginario que lo origina (con la formulación de ideas generatrices e imágenes mentales que se van plasmando para anticipar lo que será el objeto); el proyecto arquitectónico queda unido así, a una dimensión imaginaria que prevé su unicidad formal.

El "proyecto" como germen de la "materia arquitectónica"

Las argumentaciones anteriores no definen al proyecto en sí, por ello, hace falta indagar en la respuesta a ciertos cuestionamientos, ¿Qué es lo que se ordena en proyecto? ¿Qué es ese "algo" con lo que el diseñador trabaja? ¿Cuál es la materia que imaginamos?

Gregotti señala, "mi idea de proyecto se basa en la noción de materia" [22]. Especificando que no se trata del acero, del vidrio y materias plásticas, sino que su idea de "materia" es más amplia, para Gregotti "el carácter específico de la acción arquitectónica consistirá en la conexión de los materiales existentes según relaciones comunicativas capaces de dotar de sentido a la forma del ambiente físico (…) desde el punto de vista de la arquitectura, el proyecto es el modo cómo se organizan y fijan, en sentido arquitectónico, los elementos de cierto problema. Estos han sido elegidos, elaborados, dotados de intención a través del proceso de la composición, hasta establecer entre ellos nuevas relaciones en las cuales el sentido general (estructural) pertenece, al fin, a la cosa arquitectónica que hemos construido por medio del proyecto" [23]. En esta organización de la "materia arquitectónica" es donde se inicia el acto creativo, como lo insinúa Ricard "el acto creativo se inicia ya en esta fase. Gran parte de lo que se requiere como punto de partida consiste en ordenar, de una determinada y coherente manera, ciertos conceptos, formas, dispositivos, materiales y colores" [24].

Ese orden señalado por Gregotti y Ricard sólo es posible en pleno conocimiento de cada uno de los contenidos que intervendrán en la conformación de la imagen del objeto. Así se logra penetrar en la interioridad de cada "material de diseño" y se pueden vislumbrar las razones de su expresión. En este caso el proyecto muestra la sustancia que lo compone y se encarga de la prefiguración del hecho arquitectónico en una constante relación entre idea e imagen proyectada. Aquí en esta vinculación idea-imagen se precisa la intencionalidad de las características expresivas para cada contenido manifestado; asimismo, se configuran hipótesis formales de una especialidad que se piensa habitable. Es como lo acentúa Gregotti desde el punto de vista de la arquitectura, "el proyecto es el modo de organizar y fijar arquitectónicamente los elementos de un problema" [25], estos elementos se cargan de intenciones en el proceso de composición hasta establecer "lo arquitectónico".

De esta manera, el "proyecto" se definirá como ese germen (axioma básico, núcleo, embrión, contenido en la semilla, origen, principio de una cosa) que contiene a la materia arquitectónica y que al leerlo, a partir de la comprensión de sus más íntimos elementos (o "genes" entendidos como la unidad de acción, mutación y recombinación del material, como unidad responsable de los caracteres formales del proyecto) permite comprender su constitución. En este sentido, el proyecto se muestra como producto del diseño arquitectónico ya que reúne, "crea e imagina" la manera en cómo se tratará dicha materia proyectual; es la larva conceptual que se plasmará. Esto lleva a pensar que lo arquitectónico no sólo se manifiesta en el objeto, sino en el proyecto que actúa como el genoma del objeto (como ese conjunto de cromosomas o genes que se hallan en un núcleo o germen, para transmitir los caracteres del proyecto a la obra) y como caracterización de un modo de habitar. Asimismo, el proyecto se da en una concepción ideal e imaginaria donde se formula una estructura con "genes" dispuestos a forjar un orden determinado; estos son en cierto sentido, las unidades con las que el "proyecto" se vuelve arquitectónico, es decir que en éstos se encuentra la materialidad arquitectónica. Estas unidades se organizan en determinada secuencia para producir la imagen y establecer una "proyección formal" de la obra en sí.

Esta partida de ideas-genes, como cromosomas o elementos que existen en el interior del núcleo del proyecto, desempeña un papel muy importante en la transmisión y producción de la imagen ya que aporta la materialidad arquitectónica que se da bajo un repertorio lingüístico. Cada intención proyectual contiene el porqué de las texturas, de los elementos geométricos, de la disposición de volúmenes; con lo cual se deduce que el objeto no es más que un ente artificial, es una segunda naturaleza de la esencia arquitectónica. El objeto es promovido por la materia que se delega anteriormente en el proyecto, es en este último donde se tiene la misión de fraguar la concepción de ese "ente artificial". El objeto resulta ser una "prótesis" de nuestra vida cotidiana, es un objeto tangible que se vuelve la extensión de un modo de habitar. En la obra arquitectónica la intención de caracterizar un uso, de caracterizar una conformación espacial y de organizar sus propiedades y contenidos formales se encuentran antes en la actividad proyectual, que se considera como una visión "a priori" de lo que éste será.

¿Cómo se convierte el "proyecto" en un "hecho arquitectónico"?
Una vez entendido el proyecto como germen del material
arquitectónico y como genoma del objeto edificado, se pretende
explicar la manera en cómo se convierte el proyecto en un "hecho
arquitectónico", para ello es necesario definir el "hecho" y lo
"arquitectónico".

¿Qué es un hecho?
Se entiende como hecho en general a las cosas, a sus propiedades
o a sus relaciones tal como son en la realidad, independientemente
de la interpretación humana. "En teoría de la ciencia, el hecho es el
fenómeno o suceso singular que se opone a la teoría que se formula
con una ley: es el objeto de que trata la ciencia, que no pretende

sino explicar los hechos naturales. Según el positivismo lógico los
hechos se determinan mediante «enunciados protocolarios» o
«enunciados de base» y, a partir de ellos, han de establecerse las
hipótesis. Pero este planteamiento se critica en cuanto se cree que
no es posible fundamentar la ciencia en meros hechos aislados
observados, sino que, de algún modo, el hecho científico es ya una
construcción teórica o el resultado de una conjetura o hipótesis, y
llevan siempre una «carga de teoría»" [26].

   Un hecho es un fenómeno fijo, preciso y determinado; tiene
contornos que se pueden dibujar por lo que implica una especie
de fijeza y estabilidad (Paul Janet) [27]. Sin embargo, no existen
hechos precisos y determinados, sólo existen matices de éstos. En
este caso, el hecho es el fenómeno adoptado y establecido por la
posición de la "materia", por su existencia y objetividad. Es ya una
realidad, "un hecho es una verdad general, una ley determinada por
su aplicación a circunstancias particulares" (J. Lachelier) [28]. Esto
sugiere que se crea, es concreto y tiene una duración real, en este
sentido, los racionalistas establecen que es consciente, depurado
de elementos sensibles de la reacción individual y es un concepto
gracias al sistema lógico de las categorías o formas de orden del
entendimiento, por ello se hace concreto. Así el dato inmediato de
la conciencia es el "hecho como objetividad" establecido en cierto
modo por el pensamiento inseparable de las leyes racionales o
formas de orden. Este, como ente concreto implica un proceso
complejo o conjunto de funciones que lo hacen aparecer y que

lo detonan para marcar su devenir, su acontecer. El hecho tiene existencia por convención, es una forma dada y existe en un marco espacio-temporal y se interpreta como:

El hecho-cosa, que es el elemento objetivo o concreto, es un caso o dato que marca una presencia, es una realidad tangible, visible y perceptible. El hecho aquí es real y forma parte de las cosas tal y como son, por eso su existencia es incontestable para el historiador y sirve de base a sus razonamientos. Este hecho-cosa se entiende en una realidad dinámica que se comprueba en el tiempo y constituye un momento de la sucesión o construcción histórica.

El hecho-esencia, es una sustancia que detona la presencia del mismo hecho, es decir que se refiere a la materia que le da vida.

El hecho-acontecimiento, que requiere de la acción, deviene de la sustancia que lo detona, así el hecho existe. En este sentido, el acontecer de la materia tiene más importancia que el elemento en sí, el hecho aparece por la manera en cómo se conformó la sustancia de la cosa detonando un cambio en su estado. Este acontecer sucede en un tiempo y en un lugar particular; por ello, se toma como un conjunto de acciones que ocurren en tal lugar y fecha.

Estas tres interpretaciones determinan que en el hecho participan los tres factores. Para definirse necesita de la "presencia" tangible y concreta de la "sustancia" y del "acontecer" de esta misma, como lo señala C. Ranzoli, "mientras que la cosa es una realidad estática, constituida por un sistema fijo, de propiedades coexistentes en el espacio: la manzana es una cosa, la caída de la manzana es un hecho" [29]. En este sentido, la cosa no es todavía el hecho porque es estática, sino que necesita de su acontecer, como aspecto dinámico; de tal suerte que los dos se funden en una realidad única del devenir. Aquí, la cosa es el hecho en cuanto se abstraen sus relaciones de sucesión y en cuanto se piensa transformándose. "Una cosa no es un hecho; lo que es un hecho es que esta cosa existe, que ella es de tal o cual naturaleza" (Husserl) [30]. El hecho, es así conocido por el devenir de la esencia que lo determina.

¿Qué es lo arquitectónico y dónde se encuentra?

El "proyectar" en el ámbito arquitectónico comporta hacer algo, fijar un fin mediante intenciones en función del manejo de una materialidad que se expresa. Así menciona Gregotti que, "el proyecto arquitectónico no es aún arquitectura; sino sólo un conjunto de símbolos que nos sirven para fijar y comunicar nuestra intención arquitectónica" [31], reúne elementos representativos y esquemáticos que ayudan a concretar la imagen.

A partir de esto, surge la pregunta ¿qué es lo arquitectónico y dónde se encuentra? Tradicionalmente se entiende como la cosa en sí, ya sea el objeto o el proyecto como productos o resultados de una acción. Sin embargo, en ambos existe "lo arquitectónico", con ello trabajan y eso expresan. En el objeto se advierte porque se lee o percibe y en el proyecto aunque todavía no es objeto materializado, es imagen donde se conceptualiza y se plasma.

De esta manera, "lo arquitectónico" no se define en la "cosa", sino en la "causa"; es decir en la "materialidad del diseño" referida a los contenidos formales. Está en la materia moldeable que se identifica y prefigura en el proyecto, es ahí donde se le confiere su condición expresiva y donde se previenen los elementos en una complejidad estructural.

Posteriormente, Gregotti se contradice señalando que, "la arquitectura trabaja con materiales organizados según una forma concreta, la del hábitat; es por tanto, la forma de las materias ordenadas en consonancia con el hábitat", este orden de materias se define como "la estructura de la operación proyectual" después, advierte que esta especificidad se determina, también con el lenguaje con el que se expresa la arquitectura y queda delimitada por ser "el hecho de ser físicamente aquella figura en que las formas se han organizado según un sentido" [32]. Aprovechando esta contradicción de Gregotti, se enfatiza la postura que contempla a lo "arquitectónico" en la serie de materiales organizados según un modo de habitar. "Si el modelo se presenta como puro instrumento proyectual o al menos como cosa «para la arquitectura» posee un propio carácter expresivo que lo capacita para conexiones directas con la materialidad proyectual: constriñe la utopía a la especificidad del campo disciplinar, a entrar en la contienda de la historia, a convertirse en investigación e hipótesis de trabajo" [33].

"¿De qué está hecha, pues, la cosa arquitectura? (...) De materias dispuestas con cierto orden para determinado fin; el de habitar" [34]. Tal orden se puede definir como la estructura de la operación proyectual y el grado de significación de este orden se revela en la forma; en este caso, los materiales son las cosas con que está hecha nuestra operación proyectiva y "arquitectónica".

Todo esto sugiere que "lo arquitectónico" debe plantearse en el campo del diseño, así como los problemas sobre su propia estructura y especificidad, apuntando hacia cómo se han seleccionado los materiales que se configuran en el proyecto y se constituyen en la obra para formar parte fundamental de su condición expresiva. Este sistema de materias parte de una base disciplinar y se elabora desde una fuente teórica y reflexiva.

De esta manera, es posible acentuar que si no existiera esta especificidad en lo arquitectónico, se estaría hablando de cosas (objetos o proyectos) huecos, sin materia, ni sustancia que los identifique como tales. Esta materialidad se vuelve proyectual y tangible, de tal forma que no sólo se puede ver en los objetos cuando se habitan físicamente, sino que también se puede advertir en el proyecto cuando se prefigura. En sí, la materia se fragua en el proyecto, en una construcción creativa e imaginaria y en este sentido, se dice que la estructura del proyectar (lo que caracteriza a la obra) es de naturaleza fundamentalmente figurativa, como una manera de ordenar los contenidos.

En síntesis, se puede señalar que "lo arquitectónico" va más allá del objeto como cosa o materia física perceptible y también, va más allá del proyecto como conformación de la imagen formal para encontrarse en la "materialidad del diseño". Esta imagen es la que se puede observar como objetiva y tangible en la obra o bien, se puede prefigurar e interpretar como concebida, moldeada y plasmada en el proyecto.

¿Por qué el proyecto se convierte en un "hecho arquitectónico"? El proyecto como un hecho

Retomando lo anterior, se puede deducir que en el proyecto se manifiesta no sólo la forma visual, sino la forma arquitectónica de las cosas. Es decir que al considerar al proyecto como hecho, no sólo se hace referencia a la cosa como elemento objetivo o concreto, sino también a su esencia, a la sustancia que detona la presencia de la obra. Así en esta interpretación se implica el acontecer de la materia arquitectónica para que la obra exista.

Conforme a esto, el proyecto se transforma en hecho debido a que surge la manera en cómo se conformó la imagen del objeto, integrando la "presencia" tangible y concreta de la "sustancia" que lo define con su "acontecer". El proyecto se convierte en una realidad visible y perceptible porque en él se plasman y se caracterizan los conceptos de manera lingüística. Asimismo, el proyecto contiene el germen sustancial de lo que será la obra, por eso se entiende como el devenir de los contenidos. Todo esto se reduce a que el proyecto es un hecho-cosa, un hecho-esencia y un hecho-acontecer al mismo tiempo.

El proyecto como un hecho arquitectónico

En otro sentido, entender la generación y la producción del proyecto en la actividad específica del diseñar permitirá conocer el contenido arquitectónico. De esta manera, se busca evaluar la operatividad del proyecto desde su base sustancial y en esta perspectiva se entiende a la arquitectura como origen y producción del material de diseño, atendiendo a una cadena de decisiones sobre la forma.

A partir de ello, surge la siguiente pregunta: ¿los "hechos arquitectónicos" se observan o se constituyen?, ya que no se va a entender el objeto como hecho, como cosa o presencia tangible sin sustancia que lo detone o como ente hueco que se mira; sino que el hecho arquitectónico como tal se vuelca hacia su constitución proyectual. En esta condición, es posible conocer las características del objeto partiendo de su sentido esencial y figurativo, en ello, se presume que no es posible percibir la densidad de la materia arquitectónica, sino que se puede leer su concepción expresiva, por eso la forma se adorna con gráficos que poseen en sí su propio contenido significativo.

Frente a esto, se afirma que el proyecto se convierte en hecho arquitectónico porque comprende la presencia, la esencia y el devenir de la materialidad del diseño, en éste existe una síntesis a priori de lo que será la obra edificada. Asimismo, el proyecto se considera como hecho donde se moldea la materia arquitectónica, en éste hay una acción de concepción y plasmación donde se anticipa la existencia del objeto. Aquí se precisa la especificidad cualitativa que da sustancia y ser a "lo arquitectónico".

El hecho arquitectónico entonces, no es únicamente lo dado tangiblemente, sino que se habla de éste en virtud de su determinación sustancial, de su esencia. Existe por el devenir de su materia o contenido velado y concebido en el proyecto, por lo tanto, considerar al proyecto como hecho arquitectónico es hablar del acontecer de una serie de axiomas o propiedades esenciales de la forma, es hablar de la panorámica expresiva de lo que será el objeto.

¿Cómo funciona el proyecto en la construcción historiográfica de la arquitectura?

El objeto de la historia es la suma de los hechos pasados del hombre, pero no cualquier clase de hechos, sino aquellos que se consideran relevantes para el historiador. No todos los datos acerca del pasado son hechos históricos, ni son tratados como tales por quien formula la interpretación histórica. ¿Qué criterio separa entonces a los hechos históricos de otros datos acerca del pasado? ¿Con qué criterio se clasifican los hechos históricos? Estas cuestiones, sugeridas por Carr se aclaran diciendo: "la necesidad de fijar estos datos básicos no se apoya en ninguna cualidad de los hechos mismos, sino en una decisión que formula el historiador a priori". Estos se ordenan y se seleccionan, por eso "los hechos sólo hablan cuando el historiador apela a ellos; él es quien decide a qué hechos se le da paso, y en qué orden y contexto hacerlo" [35]. Su condición de hechos históricos depende esencialmente de una cuestión de interpretación que se basa en una serie de conceptos o juicios admitidos, en donde el papel del historiador incumbe en la doble tarea de descubrir los datos relevantes y convertirlos en históricos. Esto no se logra porque se lleva a cabo una recopilación de datos irrefutables y objetivos, sino porque dichos datos son vistos desde otra óptica, bajo una nueva interpretación y son valorados por la importancia de su devenir en el tiempo.

Esta postura lleva a deducir que el hacer historiográfico en la arquitectura no trata de hacer una compilación de hechos, sino que hace una interpretación que contempla el acontecer histórico de la materialidad arquitectónica. Por ello, se propone indagar acerca de la naturaleza expresiva de cada contenido proyectual, como elementos que se plasman a la largo de la conformación de la imagen formal. La tarea primordial del historiar no es recoger datos sin valorar lo que se estudiará en ellos, sino que antes, se presenta el desafío por construir estructuras teóricas instrumentales que permitan valorar dicha condición histórica en la disciplina arquitectónica.

Siguiendo con lo que señala Carr, se despierta una interrogante que marca el objeto de estudio, ¿puede clasificarse un proyecto como hecho histórico? ¿Qué le concede este atributo? Los proyectos como hechos históricos, son hechos básicos por el acontecer del contenido proyectual y por eso constituyen la espina dorsal de la historia en la arquitectura. Entonces, estos hechos pertenecen a la categoría de materia prima del historiador, al mismo tiempo que constituyen el acontecer del material expresivo. Así se marca que el proyecto como hecho histórico depende de una cuestión de interpretación, como lo insinúa Carr, "la movediza barrera que separa a los hechos históricos de los que no lo son se esfuma porque los pocos hechos conocidos son todos ellos históricos" [36]; es decir que son hechos controlados por el historiador.

Por otra parte, se deja ver que el papel de la historia en el campo del diseño arquitectónico, puede ir hacia el rescate de los hechos olvidados, como una valoración de elementos ignorados; en sí el entorno artificial que se genera expresa los conocimientos adquiridos de una colectividad configurando su propia cultura. Esta cultura según Clyde Kucknohn, es "la manera de vivir de un pueblo, el legado que el individuo recibe de su grupo", y no sólo se refiere a las prácticas y comportamientos instaurados por los grupos étnicos; sino que incluye también, las cosas tangibles que éstos crean y usan. Entonces, se hace manifiesta una larga gama de objetos, "estas cosas son la huella del hombre y de su cultura" [37]. Asimismo, de su imaginación estimulada por la posibilidad que le sugiere el contexto y las necesidades que le reclaman el progreso, en todo afán creativo existe una premeditación voluntaria de superación que impulsa al hombre a imaginar nuevas opciones que superen alternativas anteriores. Por ello, se hace referencia a la historicidad, no de los objetos tangibles como hechos, sino de la materia arquitectónica manifestada en el proyecto.

Como lo señala Gregotti, "la palabra proyecto lleva implícito un sentido de distancia entre el deseo y su satisfacción, el sentido de un tiempo empleado en el esfuerzo por organizar, en un momento determinado del proceso histórico, una serie de fenómenos en consonancia con un objetivo" [38]. En la actividad del diseño, el proyecto se distingue como documento e historia de la formación de la imagen según una intencionalidad. En este caso, no sólo intervienen los bocetos, anotaciones y gráficos, sino también se piensa y se plasma el contenido arquitectónico.

De esta manera, el proyecto se vuelve hecho histórico porque mediante él, se indaga en la manera cómo se configura y deviene la sustancia arquitectónica, asimismo, porque contiene su propia historicidad en cuanto a su condición figurativa y expresiva. Este hacer proyectual es dirigido a una búsqueda compositiva del contenido formal a través del tiempo, de tal manera que la conversión del proyecto como hecho histórico se acerca a la sustancialidad del diseño. Con ello, se deja ver que el material es inevitablemente histórico y el diseño se toma como un quehacer activo cuya materia se ha conformado a través del tiempo. Así el ejercicio del diseño se encuentra anclado a su condición histórica, en donde el proyecto funciona como un informe, dato o hecho físico que el arquitecto conforma con un contenido que manipula. En este sentido, el proyecto cuenta como hecho histórico, no por sí mismo, sino por la sustancia ofrecida a la configuración de la imagen. Aquí la hipótesis formal aparece en la historia de la imagen que va desde su origen ideal e imaginario hasta concretarse y representarse; por lo que se pasa a una segunda noción, la idea de proyecto ya no sólo se basa en la noción de material, sino que se refiere también a la historicidad de las materias con las que trabaja la arquitectura.

En otro sentido, esta historicidad aparece como una riqueza de articulaciones complejas, "con todo, tal complejidad de la materia no se nos presenta como un diseño unívoco y general de desarrollo, ni según la historia, sino según las historias de la pertinencia de la materia a distintos niveles de definición posible" [39]. Esto indica que dicha materialidad se reconoce en sí, a través de la sedimentación histórica de la disciplina como propia del operar según intenciones, reflexiones y experiencias sobre ésta, en una diversidad de estructuras.

35

I

Como síntesis, al determinar al proyecto como un hecho arquitectónico se hace alusión a la sustancia, y al determinarlo como hecho que sirve a la construcción historiográfica de la arquitectura, se indica que estos sistemas de materias son estructuras complejas que van conformando la imagen de la obra en un tiempo; por lo que, se hace referencia a un sentido histórico, no en la dimensión perceptiva del objeto o en la interpretación del proceso, sino a partir de la conformación y organización de los contenidos que germinan en el proyecto; asimismo, a partir de ello se podrá ver cómo se fragua su condición expresiva.

Concluyendo, señalaremos que la concepción que interpreta al proyecto como referente histórico por su devenir sustancial y por su condición expresiva, marca una pauta de reflexión por un lado, sobre la posición que ha tenido el diseño en la explicación histórica de la arquitectura y por otro lado, sobre el papel que juega el historiador de nuestro tiempo en su actitud de compilador; muchas veces más que hacedor de hechos, de estructuras teóricas y metodológicas que lo lleven a la interpretación de la naturaleza de las cosas. Esta postura en sí, no pretende ser un argumento que verifica o refuta a los hechos, sino que apunta hacia su conformación o bien, trata de entenderlos desde su origen.

Con ello, se dibuja un horizonte que se abre hacia una reflexión que palpita entorno a la historicidad del contenido que se identifica como arquitectónico, como alternativa que trata de dar sentido a la vinculación entre la historia y el diseño. Esta unión busca por esencia, indagar en lo proyectual sometiéndolo a una condición interpretativa, selectiva y operativa, esto supone una tarea que se refiere al diseño desde su condición sustancial, sin adjetivaciones y, por consiguiente, incluye al proyecto como un hecho histórico que lleva a una interpretación del tiempo, del contexto y de una espacialidad propuesta. Bajo una visión que se limita a la concepción y a la plasmación de lo arquitectónico, y que dota al proyecto de un sentido imaginativo y creativo.

Por otro lado, se entiende que hacer historiografía en la arquitectura es el trámite inevitable para proyectarla y para interpretarla. Lo que permite establecer una relación de continuidad entre el quehacer arquitectónico del pasado y del presente. Esta interpretación del papel de la historiografía en la disciplina será entendida como la reflexión y el análisis de los hechos arquitectónicos, con el fin de promover nuevos caminos que manifiesten los vínculos, la utilidad y el continuo traslado de contenidos entre ambas disciplinas.

Notas

1. Ferrater Mora, José, "Diccionario de filosofía", Vol. I, II, III y IV, Madrid: Alianza, 1979.
2. Bono, Edward, "El pensamiento creativo. El poder del pensamiento lateral para la creación de nuevas ideas", México: Paidós, (320 pp.), 1992.
3. Rodríguez Estrada, "Manual de creatividad", México: Trillas, 1990, p.6.
4. Bono, *op. cit.*
5. Howard C. Warren, "Diccionario de psicología", México: Fondo de Cultura Económica, 1964.
6. Diccionario de la Lengua Española, México: ECISA, 1990.
7. Ricard, André, "Diseño ¿por qué?", Barcelona: Gustavo Gili, 1982, p.111.
8. Ricard, *op. cit.*, p.112.
9. Ídem.
10. Kant Immanuel, en "crítica de la razón pura", citado por Ricard, André, "Diseño ¿por qué?", Barcelona: Gustavo Gili, 1982, p.114.
11. Ídem.
12. Ídem.
13. Lambert Brittoin, "Desarrollo de la capacidad creadora" Buenos Aires: Kapelusz, 1972, p. 17.
14. Cortés Morató, Jordi; Martínez Riu, Antoni. Diccionario de filosofía. Barcelona, Herder, 1991.
15. Ídem.
16. Ricard, *op. cit.*, p.115.
17. Ehrenzweig, "Psicoanálisis de la percepción artística", Barcelona: Gustavo Gili, 1976, p.28.
18. Ricard, *op. cit.*, p.135.
19. Ricard, *op. cit.*, p.143.
20. Ricard, *op. cit.*, p.145.*Según Platón la idea es la esencia inteligible de las cosas cuya existencia conocemos por medio de la dialéctica, es un propósito o intención que expresa un modo de pensar y una creencia. La idea equivale etimológicamente a visión, referido al aspecto o figura que ofrece una cosa al verla; en este sentido, las múltiples significaciones de idea da lugar a varios modos de considerarlas: a) Se entiende a la idea cuando se equipara con un concepto; b) Se entiende a la idea psicológicamente cuando se equipara con una

cierta entidad mental; c) Y se entiende metafísicamente cuando se equipara con cierta realidad; en este caso, Platón usó el término idea para designar la forma de una realidad, su imagen o perfil, por lo que es frecuente en Platón ver que la visión de una cosa, si se indaga en su verdad, sea equivalente a la visión de la forma de la cosa bajo el aspecto de la idea. Aquí las ideas se ven como causas, como la realidad objetiva designada por el concepto. Por otro lado, se ve a la idea como representación mental de una cosa, por ello se puede conocer racionalmente lo que las cosas son (aspecto metafísico y ontológico). En esta línea, Berkeley y Hume indican que la idea es la palabra que mejor sirve para indicar la función de representar cualquier cosa que sea el objeto del entendimiento. Por otra parte, para Hegel, la idea es la unidad del concepto y la realidad de éste; y para Bergson, es como la evaluación o abstracción de lo dado. Posteriormente, el estudio y constitución de las ideas fue el objeto de análisis de una disciplina especial que surge a fines del siglo XVIII y comienzos del XIX; la ideología, en la que se utiliza el término "idea" cuando se analizan los pensamientos, es el tratado acerca de las ideas, susceptibles de conocimiento.

21. Ricard, *op. cit.*, p.146.
22. Gregotti, Vittorio, et al.,"Teoría de la proyectación arquitectónica", Barcelona: Gustavo Gili, 1971, p.209.
23. Gregotti, *op. cit.*, p.210.
24. Ricard, *op. cit.*, p.122.
25. Gregotti, Vittorio, "El territorio de la arquitectura", Barcelona: Gustavo Gili, 1972, p.15.
26. Cortés Morató, Jordi; Martínez Riu, Antoni. Diccionario de filosofía. Barcelona, Herder, 1991.
27. Lalande, André. Vocabulario técnico y crítico de la filosofía. Buenos Aires, El Ateneo, 1967, p.368.
28. Lalande, *op. cit.*, p. 369.
29. Lalande, *op. cit.*, p. 430.
30. Ídem.
31. Gregotti, *op. cit.*, p.15.
32. Gregotti, *op. cit.*, p.30.
33. Gregotti, Vittorio, et. al. Teoría de la proyectación arquitectónica. Barcelona, Gustavo Gili, 1971, p.217.
34. Gregotti, *op. cit.*, pp. 220, 221.
35. Carr, Edward H. ¿Qué es la historia? México, Ariel, 1991, p.15.
36. Carr, *op. cit.*, p.18
37. Ricard, *op. cit.*, p.20.
38. Gregotti, *op. cit.*, p.13.
39. Gregotti, Vittorio, et. al. Teoría de la proyectación arquitectónica. Barcelona, Gustavo Gili, 1971, p.224.

Bibliografía

Bono, Edward, "El pensamiento creativo. El poder del pensamiento lateral para la creación de nuevas ideas", México: Paidós, 1992.

Carr, Edward H. ¿Qué es la historia? México, Ariel, 1991.

Cortés Morató, Jordi; Martínez Riu, Antoni. Diccionario de filosofía. Barcelona, Herder, 1991.

Diccionario de la Lengua Española, México: ECISA, 1990.

Ehrenzweig, "Psicoanálisis de la percepción artística", Barcelona: Gustavo Gili, 1976.

Ferrater Mora, José, "Diccionario de filosofía", Vol. I, II, III y IV, Madrid: Alianza, 1979.

Gregotti, Vittorio, et al.,"Teoría de la proyectación arquitectónica", Barcelona: Gustavo Gili, 1971.

Gregotti, Vittorio, "El territorio de la arquitectura", Barcelona: Gustavo Gili, 1972.

Howard C. Warren, "Diccionario de psicología", México: Fondo de Cultura Económica, 1964.

Lalande, André. Vocabulario técnico y crítico de la filosofía. Buenos Aires, El Ateneo, 1967.

Lambert Brittoin, "Desarrollo de la capacidad creadora" Buenos Aires: Kapelusz, 1972.

Ricard, André, "Diseño ¿por qué?", Barcelona: Gustavo Gili, 1982.

Rodríguez Estrada, "Manual de creatividad", México: Trillas, 1990.

Del origen de la arquitectura y su método

LUZ GABRIELA GONZÁLEZ ROCHA

Sólo podemos dar razón de la humanidad y sus efectos espaciales, cuando se haya aclarado y entendido a fondo su naturaleza general, esencia, origen y espiritualidad, una dualidad entre lo místico y lo moral, la creencia en un más allá, algo que no es terrenal propio de este mundo y la aspiración del hombre a la eternidad. La arquitectura es experiencia, recorrido, memoria, identificación, es la única manera de estar en contacto con el mundo.

El universo es un universo espiritual, y este universo espiritual forma un todo entero, orgánico y continuo. Existe una armonía necesaria entre lo divino y lo humano, pues si el hombre es capaz de crear arte y el arte es por belleza, un mundo sin belleza no sería humano, a pesar de que lo humano empieza únicamente por lo divino. Siempre en su búsqueda por la identificación y conocer su origen y verdad.

La arquitectura surge como expresión y materialización de esos anhelos, como lo tangible de esa indagación, como interpretación del exterior; "(...) firme fundamentación de la existencia humana en su razón de ser."

En la actualidad cuanta arquitectura es mero objeto superficial, se usa, sirve y se elimina, no tiene identidad, falto de esencia, no tiene origen. "Lo que es algo, cómo es, lo llamamos su esencia. El origen de algo es la fuente de su esencia".

Si lo importante de los espacios es habitar y no ocupar, y que la arquitectura debería de realizarse por artistas que sean capaces de entender esta comunicación con el entorno, y el entendimiento de las creencias de los humanos. Para la creación de dichos espacios, se podría basar en un método que aun cuando no sea totalmente verdadero y único, ya que es necesario recordar que como los individuos son independientes y únicos, el espacio necesario para albergarlos debe de ser con dichas semejanzas, sin embargo, siempre se habrá de pensar con esa mentalidad, de buscar la verdad de la obra de arte, haciéndole las adecuaciones pertinentes, sin olvidar que cada uno debe de tener su propio camino y método; su propio camino del bosque que lleve hacia la luz.

Un primer acercamiento a un "método de diseño"

"En el aspecto de una construcción se expresa algo más que la forma material espacial".
Nicolai Hartmann [1].

I Programa arquitectónico y planteamiento del problema

La arquitectura es un arte, no del todo libre, ya que depende de ciertas características o necesidades ajenas para su concepción. Sin olvidar que surge primeramente de una necesidad. Sin embargo, la arquitectura debe ser incorporada como un completo, hacer visible esa unidad en la materialización junto con la solución. Congruencia entre lo que muestra y lo que es.

Primeramente, se debe abordar el planteamiento de límites reales, metas y objetivos. Partiendo de un problema para la exposición de soluciones; de esto depende la dirección que se le dé al proceso de diseño. No hay que olvidar que la arquitectura debe de ser servil, en otras palabras, una obra que no plasma o construye algo que sea útil en la vida, sería una obra vacía. Siempre tomando en cuenta que cada obra es única, y que debe de responder a un periodo especifico y una sociedad única, así es que se debe entender bajo sus propios supuestos. Tener claro el problemas, ayuda a no desviar el proceso del diseño, entre más claro se tenga, la repuesta de un anteproyecto o propuesta será más eficiente.

a) ¿Qué es?

Identificar al objeto arquitectónico como origen de la demando o del planteamiento del problema, es el espacio, objeto, que brotará a raíz de una razón cubriendo alguna necesidad, con utilidad y finalidad. Afirmando que la obra debe de transformar, resultar significativa al hombre. No se proyectará solo un objeto, se proyecta un nuevo mundo, una posibilidad de habitar de manera libre y poéticamente el mundo. Una forma diferente de habitar este planeta, y hasta cierto punto perseguir un ideal de cambiar la vida de los habitantes de ese espacio.

b) ¿Para quién es?
Se habla de que la arquitectura debe ser útil, esto se puede traducir que como forma de ser habitada, y no entendiendo por habitar, en el sólo sentido de permanecer, se puede habitar mediante un recorrido, uso, estadía, experiencia, recuerdo entre otras formas. Pues la obra está en un tiempo propio, tiempo citado y cronológico, y con él se devela una vida. Establecer un contacto directo con el habitante para captar la esencia de éste y así poder instalar mediante el lenguaje material un mundo mejor.

Primeramente llamaremos a estos sujetos, usuarios, los cuales se dividen en dos grupos principales:

Los usuarios permanentes: es decir los que darán uso continuo al espacio, instalándose en él; también cabe mencionar que no significa que siempre serán las mismas personas, pues como se mencionó, la arquitectura también tiene su tiempo o momento; habrá que considerar esto dentro de esta parte, pues se debe tener una mirada hacia el futuro, el espacio seguirá siendo el mismo por algún lapso de tiempo, pero el usuario, cambia, evoluciona, crece, madura, y surgen nuevas necesidades. De esto también dependerá la flexibilidad de la obra.

Los habitadores temporales: dentro de esta clasificación se encuentran, todas aquellas personas, que habitan el espacio en lapsos cortos, continuos o de forma dispersa, pero de igual forma hacen parte de él en algún momento. Como recorridos cotidianos.

Algo muy importante a considerar es la jerarquía que se debe de tener en estos grupos, esta clasificación no significa que los primeros sean mas importantes que los segundo, o que el proyecto deba contener ambos, pueden prescindir de alguno de ellos, como ejemplo lo que sucede en un espacio público, caso contrario a lo que sucederá en una residencia. También cabe destacar que en raras ocasiones los usuario no siempre deben de ser forzosamente personas, otro ejemplo, se puede tomar un zoológico, un vivero, donde la prioridad ya no radica en las personas, sino en los animales y vegetación.

Se debe de tener claro el orden de a priori de cada uno de ellos y evitar la segregación de los otros involucrados. Al hacer arquitectura, se hace ciudad, se hace urbanismo y paisaje, no se puede desligar una de la otras, entonces dentro de esta línea, pues toda obra también forma parte de un colectivo.

Como se acaba de mencionar, es importante separar y ser conscientes que el habitante es a su vez dos; es decir como individuo y como un ente social, es un ser complejo que necesita relacionarse con los demás y su entorno inmediato, para tejer redes social, comunidades, formando espacios, lugares, haciendo ciudad; y por tal motivo es relevante tomar en cuenta al habitante como individuo y como parte social; aunque como se ha dicho hay que saber entretejer y saber dar prioridad al habitante-individuo o al habitante-colectivo, según lo requiera el proyecto.

Debe entenderse, primeramente, al primero en cuestión de que existen elementos que le son muy arraigados (aún cuando éstos estén presente de manera inconsciente, en la mayoría de las ocasiones) que forman parte de su historia y cultura; tal como lo dice Octavio Paz en su libro *El laberinto de la soledad* [2] ; donde a través del ejemplo del "mexicano" hace referencia acerca de todos los eventos como fiestas, costumbres, tradiciones que conforman a una cultura y como el individuo hace parte de ellos, sintiéndose identificado en confianza y por tal termina aceptándolos a manera de referencia propia; los adopta como propios.

Esto hace referencia acerca de cómo el arquitecto debe primeramente entenderse a sí como individuo y como parte de una sociedad a la que servirá; conocer y entender el pasado, ya que sin esto difícilmente puede construir un futuro, reconocerse como parte y todo de una red social inseparable, para así poder identificar más fácilmente estos componentes y brindarle un espacio que a futuro logre convertirlo en lugar. Espacios reales que terminen por ser parte de la historia, la sociedad, colectivo y su cultura, haciendo probablemente que perduren dentro del tiempo y la memoria.

Colectivo- contexto socio-cultura

Recordando que es casi imposible lograr una composición espacial y dinámica, sin crear una expresión y dicha expresión va más allá del carácter y modo individual del creador, refleja un colectivo. El habitar es lo que interesa de la arquitectura, la diferencia es como se habita, pues solamente cuando se habita se construye.

Este colectivo integra, entre otras cosas, tres puntos importantes: sociedad, cultura, historia.

También se realiza arquitectura con la sociedad, se trabaja con su cultura, y se le debe dar un trato especial a la historia de la misma. Ya que si se busca una aceptación y apropiación de un espacio, la mejor manera de lograrlo es dando identificación con el habitante. Este punto engloba la parte cultural, donde se desarrollará la obra: los cultos, tradiciones, manifestaciones, creencias; y como consecuencia de esta cultura sus materializaciones, los edificios, morfologías, escalas, estilos, y por ende en estos se desarrolla la sociedad, como lo comenta Lynch, "la ciudad es la imagen de la sociedad". La arquitectura es el albergue espacial de un hecho, de un acto humano con las condiciones que el habitante tiene.

Al trabajar con un edificio, nuevo, restauración, remodelación, reciclaje, intervención o cualquier otra disciplina que acontezca de la arquitectura; se trabaja con la memoria intangible del sitio, con su historia, con su gente y creencias.

Conocer a fondo para entrar en contacto y mediante nuestro lenguaje aproximarnos a la creación de una obra que otorgue confianza, paz, libertad. El arte como instauración es esencialmente histórica, parteaguas del tiempo, a partir del surgimiento de ella, impone un antes y un después, una nueva manera de comprensión. Cita el tiempo, marca una sociedad, la transforma, tiempo, espacio y sociedad perpetuados en una obra.

c) ¿Dónde es?

El terreno, ya sea natural o artificial conforma el sitio, y para un mejor entendimiento y manejo del mismo se hará un análisis de éste de dos maneras de comprenderlo:

Natural: todo lo que contenga naturalmente el terreno, aquí integran factores como la topografía propia, (no necesariamente debe de ser la original del terreno), la orientación, elementos naturales de gran relevancia como árboles, afluentes, fauna, o algún otro que pueda incidir de manera importante en el desarrollo del proyecto; clima, soleamiento, orientación, vientos; entre otros. Considerando siempre, que éste debe de permanecer, aun cuando se vaya a interferir con algo ajeno a él, en forma de respeto hacia lo que ya está.

Artificial: este medio incluye todo aquello que ha sido modificado por el hombre, aun cuando no sea de forma directa dentro del sitio, pero si de un contexto inmediato; colindancias, vialidades, infraestructura, accesibilidad, morfología, perfil urbano inmediato. Con un análisis y reflexión para aprovechar lo que ya se es dado y con la propuesta mejor también el entorno artificial mejorando la calidad de vida o sólo de los usuarios de la propuesta, sino también en cierta medida la de sus alrededores.

d) ¿Qué recursos?

Para la materialización de la obra, es necesario ciertos recursos de diversa índole, algunos de ellos son:

Humanos: el tipo de mano de obra con la que se cuenta, si será necesaria en algún momento, artesanos especializados en cualquier etapa de la obra, desde su conceptualización hasta su construcción. Es de extrema importancia este punto, ya que muchas veces el lenguaje expresivo de la obra dependerá del trabajo artesanal, y oriundo de cada región.

Económicos: los recursos monetarios, teniendo en cuenta que la creatividad se debe de explotar para que éstos recursos no jerarquicen o afecten la esencia del proyecto.

Materiales: los materiales como tal, si se cuentan en la región, si tendrán que ser trasladados de otro lugar, la resistencia, la durabilidad de los mismo, entre otros factores.

Tecnología y herramienta: al arquitecto le es indispensable encontrarse en cercano a las nuevas formas de habitar y las herramientas de sus oficio, teóricas y prácticas. Solamente como herramientas de trabajo para la representación, nunca como sustitutos de procesos proyectuales.

Libertad: se habla de la libertad, en la manera de pensamiento, propuesta, (en algunos casos ya se tiene designado un modelo específico) aunque no habrá que olvidar que aunque no se tenga esta parte, es obligación de los arquitectos, realizar una aportación a pro de la obra.

e) Suma de requerimientos

Ordenamiento de las necesidades, mediante flujos, diagramas relacionadas con las necesidades fisiológicas y espirituales. Relación de áreas necesarias para satisfacer dichas necesidad y aporte de otros espacios.

Normatividad: todas aquellas normas, reglas, federales, locales, de construcción, de patrimonio, o de cualquier institución que se involucre con el desarrollo del edificio.

II Marco teórico conceptual

"La belleza de la forma arquitectónica, en la medida en que la capacidad técnica lo hace posible, sólo sale a la luz cuando la superación de la pesantez se hace realmente visible en el juego de las líneas"

Analogía

Humildad, habrá que tener humildad por parte del autor para reconocer que el arquitecto si bien puede ser un creador también es solo un medio, para el surgimiento o materialización de una creencia. No será ni el primero ni el último, en este sentido, hay que entender en qué punto se está con relación al tiempo, espacio y propuesta; no se puede ver hacia el futuro, si no se conoce el pasado; bajo estos supuestos hay que estudiar sistemas análogos, es decir, lo que se ha hecho hasta ese momento en proyectos similares, cómo se resolvieron, en qué tiempo se realizaron, rescatando los aciertos, y dejando de lado los posibles errores; esto no quiere decir que se hará una copia; no hay que olvidar que una obra de arte debe de ser única, y no se puede repetir, ya que simplemente el contexto, es una creación y no reproducción.

Bases teóricas

La arquitectura necesita la teoría para saber y entender lo que fue, cómo y por qué. Para conocer el futuro se debe conocer la historia. La teoría es una base indispensable para cualquier proyecto, para deshebrar las verdaderas tendencias y pensamientos de cada

Luz Gabriela González Rocha

momento, en relación a que son reacción de algún acontecimiento y la manera de trasladarlas a una materialización.

No se puede iniciar a pintar, sin saber de color, pues tampoco se puede hacer arquitectura sin teoría; como comenta Hartmann, no hay poesía sin tema, o la existencia de edificios vacios que no proporcionan nada, o como señala Valery "hay edificios que cantan". La teoría es la parte vertebral de la arquitectura, no se puede realizar una obra de arte sin tener fundamentos que hagan que esta surja, se pueden tener las necesidades, pero sólo si se queda en esa parte, no hará otra cosa que ser una construcción que cumple una función, hace falta esa parte evocadora, esa parte intangible que no se ve pero se siente. Todo trazo en el diseño de un espacio está destinado a producir un efecto en el habitante.

Aquí entran todas las teorías sociales, dogmáticas, de pensamiento, filosóficas, estéticas, de diseño o de cualquier índole que aporten al desarrollo de la arquitectura, esta parte no tiene limite, hay que recordar que sólo se es ignorante cuando se sabe. Esto dará entrada a:

Conceptualización

Ligado con la teoría la conceptualización se convierte en el eje rector, lo que dará origen a la espacialidad, formas, distribución, no la justificación, la idea que predominará y se hará presente en la obra, de manera sutil o evidente, es el porqué, la esencia, la diferencia que existe entre esa obra y las demás del mismo carácter, lo que la hace especial. Ninguna decisión es tomada al azar, es el resultado de un arduo trabajo, prueba-error. El autor de la obra sólo puede llegar a ser arquitecto en la creación de su obra, pues es ésta en él y él se construye a partir de ella. El momento en que el arquitecto se despoja de sí mismo, para rencontrar con sí mismo a través de su obra. Se dispone para poder llegar a esa conceptualización, esa idea, inspiración que marcará su trabajo.

Tener en cuenta que el objeto arquitectónico debe contener esencia y tomar conciencia de esto, una verdad que puede ser develada ante el espectador dando la oportunidad de que viva una experiencia única, un espacio donde el usuario se sienta seguro, con confianza y se entregue al lugar.

La creación artística está necesariamente ligada a la dimensión trascendental: la única que es capaz de inspirarla y justificarla. La espiritualidad es un polo fundamental de la experiencia estética; ya que siempre ha habido dioses, seres supremos, creencias que sugestionan a la construcción de espacios mágicos, la materialidad de una relación preexistente entre espíritu y espacio-tiempo. Lo uno y lo otro no se oponen: coinciden el uno con el otro. "El ser del útil, el ser de confianza, concentra en sí todas las cosas a su modo y según su alcance". Al momento de la conceptualización se debe tener en cuenta qué es lo que se quiere dar a mostrar en la obra de arte, el lenguaje que se empleará para transmitir este mensaje. La arquitectura es el producto de un actuante libre y una materia inerte. Un sujeto libre puede portar de cualidades a esa materia inerte y convertirlo en un objeto: fuente de vida.

Es en este momento donde posiblemente se denota de manera más fuerte la inspiración. Inspiración, la cual es el resultado de varios intentos y trabajo continuo, no se llega a ella por arte de magia o al azar, es en manera de revelación, en la búsqueda de una constante de un ir hacia un encuentro con la verdad. La obra de arquitectura consagra esa luz especial.

Espacialidad

(…) la relación en su estética, fue una interpretación dinámica de las formas arquitectónicas". La espacialidad como configuración, como parte de la arquitectura, se trata de vivir, pensar, sentir, recorrer, vivir con todos los sentidos: físicos e interiores, habitar, comprender y entender ese trasfondo que contiene la arquitectura. Aquí se trata de proporción, sensaciones, jerarquización, evocación, intensión, composición, durabilidad, memoria, tiempo y permanencia.

Una obra puede satisfacer como una objeto físico-espacial, pero necesita alimentar lo espiritual e intelectual, entender las motivaciones que encierra. Lo que hizo que surgiera. Debe de contener los elementos necesarios que den la capacidad al hombre de que la habite. Pero entonces ¿qué es habitar y cuáles son estos elementos?

Toda obra de arte debe expresar algo; esto significa en primer lugar, que el contenido de la obra debe ir mas allá de la presentación de los objetos individuales que la constituyen; es decir, una expresión que abarque cualquier especie de comunicación.

49

Proporcionar al espectador un momento de encuentro consigo mismo, por medio del espacio. Un ser de confianza, un espacio donde pueda ser libre, entenderse, sentirse protegido y convertir ese espacio en parte de él, como vivencia, como experiencia, el anhelo de regresar, de volver a sentir, de hacerlo sentir terrenal, vivir la arquitectura terrenalmente siempre con una vista y aspiración hacia el cielo, hacia lo divino, a la parte de anhelos, sueños que todo ser humano aspira. Eso es espaciar, y no sólo edificar. Realizar arquitectura digna de poder ser producida y no reproducida. No espacios iguales que terminan siendo copias, calcas sin sentido ni esencia, al final abandonados, mutilados o transformados. La obra, une todo, un intercambio mutuo y en modificaciones reciprocas, donde ningún elemento es más importante que otro. Aquí la parte es tan grande como el todo. No prescinde una de la otra. Y cada elemento es pensado, analizado y da su propia parte al conjunto. Ninguno debe de ser mínimo o incensario

Propuestas
Teniendo encuentra estos parámetros, los cuales no son los únicos, la investigación y requerimientos, así como el orden y jerarquización de información depende, y es única y exclusiva de cada obra.

Surgen las primeras ideas, propuestas, diversas respuestas con respaldo ante el planteamiento del problema original. Pues de lo que brota la forma, no proviene de la nada, o surge simplemente, viene de un historia, un análisis, una comprensión de sus estratos, de cada una de sus partes y de la sinceridad con la que se entienden.

Es después de una reflexión, un despojo de si mismo, un acto de conciencia que el arquitecto puede comenzar a trazar las primeras líneas, se construye primero una postura, un espacio en la mente que pasará al mundo tangible y material mediante un lenguaje, en este caso la arquitectura.

Como resultado de arduo trabajo deberán de surgir varias propuestas, diferentes de preferencia, para crear un circulo de retroalimentación entre estas, alentando las de mayores posibilidades y aprendiendo de las que se desechan.

Factibilidad de las propuestas y elección de una de ellas
Y es así que después de varios intentos, el autor puede llegar a ser

el medio para que la obra exista. Tras un diálogo de ensayo-error, de perfeccionamiento y análisis de cada una de las propuestas. Se elige la que bien podría ser la adecuada y cubra la mayor parte de las expectativas en todo las partes: formal, funcional, estética, propositiva, factible, original, evocadora, entre otras. Es mediante una representación material que la razón entiende lo que no se puede explicar.

Desarrollo ejecutivo

Planos necesarios para la correcta realización de la obra, diseños estructurales, gestión, catálogos, presupuestos, costos y calendarios. El uso de tecnología y herramienta debe de ser de manera consiente, ya que éstas no sustituyen el acto creativo, no existen máquinas que realicen arquitectura, pero sí medios técnicos que nos ayudan en la representación grafica de una idea elaborada, trabajada y madura. No existe límite de material, este dependerá del proyecto, se realizarán los necesarios para su correcta ejecución y entendimiento.

Notas

1. Hartmann, Nicolai, "Estética", México: UNAM, 1977, p. 560
2. Paz, Octavio, El laberinto de la soledad posdata vuelta a "El laberinto de la soledad"; México: Fondo de Cultura Económica, 2012, p. 351. Se hace referencia a los espacios reales, no sólo en cuestión de ser tangibles y existentes, sino en ser francos y que reflejen una sociedad y sus acontecimientos sinceros; sin necesidad de ser espacios enmascarados por la tecnología, manipulados que terminen en su mayoría siendo lugares vacíos, de desuso y abandonados.

Bibliografía

Hartmann, Nicolai, "Estética", México: UNAM, 1977.
Paz, Octavio, El laberinto de la soledad posdata vuelta a "El laberinto de la soledad"; México: Fondo de Cultura Económica, 2012.

Luz Gabriela González Rocha

Nuevas tecnologías y enseñanza de la arquitectura

ROBERTO GOYCOOLEA PRADO

El objetivo de estas notas es reflexionar sobre las transformaciones y desafíos que se están delineando en la enseñanza de la arquitectura, debido a la extensión de las técnicas digitales de almacenamiento, tratamiento e intercambio de la información en el ámbito profesional y académico.

En un plazo comparativamente insignificante de tiempo, menos de una generación, los procesadores de texto han reemplazado a las máquinas de escribir, las bases de datos a fichas y ficheros, los sistemas de diseño asistido a las técnicas tradicionales de dibujo y similares, transfigurado la estructura tradicional de los estudios de arquitectura y abriendo posibilidades inéditas en los procedimientos de ideación y expresión arquitectónica. De ahí que sea razonable la creciente demanda para incorporar las tecnologías digitales en el proceso de enseñanza y aprendizaje de la arquitectura, reflejada en la imparable aparición de asignaturas cuya finalidad es aprender a utilizar estas tecnologías.

Por el tiempo transcurrido es difícil tener una evaluación aceptable de estas iniciativas. Lo que sí se puede constatar es que los ensayos realizados están señalando caminos inéditos a la docencia y la investigación arquitectónica. Vías que se pueden considerar la punta de un iceberg de un escenario profesional y docente cuya forma final se desconoce, pero que será fundamental para el futuro de la disciplina.

La formación en las nuevas tecnologías no está teniendo el auge esperado debido a algunos factores que la están dificultando: insuficiente formación del profesorado, reticencias por convicciones pedagógicas o ideológicas, escasa dotación tecnológica de las universidades y viviendas, entre otros. Sin embargo, el crecimiento exponencial que experimenta la implantación de las tecnologías digitales en todos los ámbitos sociales permite afirmar, con independencia de las incertidumbres futura y de la opinión de los detractores, que su plena incorporación a la enseñanza de la arquitectura es sólo cuestión de tiempo. Ya sea por voluntad de las escuelas, presión del mercado de trabajo o por iniciativa de los propios estudiantes, los programas de dibujo asistido, la informatización de las mediciones, el cálculo de estructuras e instalaciones, los sistemas de información geográfica, además de las aplicaciones infográficas, fotogramétricas y otras aún desconocidas, terminarán por convertirse en instrumentos docentes cotidianos; tal como hoy lo son las máquinas de fotográficas y las calculadoras electrónicas. Por los ensayos realizados, la implantación académica no será sencilla y habrá que dedicar mucho esfuerzo a intercambiar experiencias y contrastar resultados, así como a adecuar los planes de estudio y métodos didácticos al aprendizaje de estos aparatos, en un proceso condicionado por la evolución de las tecnologías digitales y de sus utilidades.

En su célebre Galaxia de Gutemberg, Marshall McLuhan [1] mostró que en un primer momento todo nuevo sistema de comunicación intenta integrarse al sistema imperante enlazándose a los medios precedentes; con el tiempo comienzan a definirse sus particularidades y a desarrollarse en una dirección original; finalmente, al generalizarse, se manifestarán las transformaciones que en la concepción del mundo genera la utilización de todo nuevo medio de interrelación social. A lo largo de la historia, en un proceso en el que es difícil establecer qué es causa y qué efecto, los instrumentos utilizados por el hombre para almacenar, manipular e intercambiar ideas y bienes han definido los modos de percibir y estructurar la realidad. Del discurso oral de la Atenas de Pericles, a la imagen catódica de Los Ángeles de Hollywood, los sistemas de comunicación han determinado los métodos de producción, la estructura de la acción sociopolítica y la forma de relacionarnos y entender el mundo.

En este esquema, todo indica que las tecnologías telemáticas están en el primer estadio, es decir, utilizándose según pautas establecidas de almacenamiento, gestión e intercambio de información. Considerando la velocidad de su desarrollo e incorporación es previsible que pronto comiencen a mostrar su auténtico potencial, promoviendo formas inéditas de pensamiento y organización social; tal como en su momento lo hicieron la escritura, la imprenta o el automóvil. Aún hoy, cuando la implantación de Internet, el instrumento emblemático de las tecnologías informáticas, es incipiente y circunscrito a una elite mundial fundamentalmente económica y universitaria, su uso está modificando muchos aspectos básicos de las vidas colectivas y privadas. Nada parece escapar a su influencia: de la producción de bienes a su comercialización, del dinero a la escritura y la información, del trabajo al ocio, de la política a la ciencia. Sin duda, las tecnologías telemáticas están "cambiando la estructura económica y cultural del planeta, rompiendo los límites territoriales de las ciudades y de los Estados clásicos y tendiendo a generar una nueva forma de interacción global" [2]. Fascinante y redentora para algunos, artificial e inhumana para otros.

Hasta que no llegue el momento en que estas técnicas desarrollen todo su potencial y se consoliden los nuevos paradigmas económicos y culturales, las previsiones sobre el futuro de la sociedad surgida de las tecnologías digitales no dejan de ser meras especulaciones. No en vano Rafael Puyol, rector de la Universidad Complutense de Madrid, señalaba recientemente que "dentro de 25 años, la mitad de las profesiones que estarán vigentes nos son aún desconocidas" [3]. Lo que por ahora sí es posible, es intuir la orientación que estos cambios generarán en la manera de entender el mundo. En el ámbito universitario ello se irá manifestando con claridad a medida que comiencen a llegar a las universidades las sucesivas generaciones de alumnos, criados con play stations, juegos interactivos, televisores conectados a terminales sensoriales, teléfonos móviles multifunción, CD, PC, DVD y un sinfín de siglas. Y todo a través de Internet o como quiera que se llame la red del futuro. Desde la más tierna infancia niños, jóvenes y adultos estarán rodeados de artilugios digitales en todos los ámbitos donde se desarrolla su vida. Su relación con la tecnología y el entorno será distinta a la nuestra. Es más, si se comparte con Niels Bohr que "toda observación física va acompañada por un efecto del instrumento observador sobre el objeto observado" [4] habrá que admitir que la estructura mental de las generaciones venideras será también diferente.

Roberto Goycoolea Prado

De partida, desarrollarán una organización conceptual basada en una lógica secuencial e imperativa derivada del modo de funcionamiento de las computadoras: las órdenes de un ordenador son un tipo de lenguaje cuyo efecto no es comunicar algo sino hacer que ocurran cosas directa e inevitablemente. La percepción de las relaciones causa-efecto, básicas para definir la forma en que se organizan los fenómenos, se medirán en intervalos temporales infinitesimales y en distancias espaciales imperceptibles; en Internet todo está ahí e inmediatamente. Las tramas narrativas de los textos tradicionales les serán ajenas y estarán acostumbrados a la interactividad de las construcciones hipertextuales. Tenderán a unificar, cuando no a confundir, lo tangible y lo virtual debido a la homogeneidad del soporte, el lenguaje, las imágenes y los sonidos empleados por el cine, la publicidad, los juegos interactivos y la información. En cuanto a la vida cotidiana, a través de Internet los ciudadanos telemáticos obtendrán informaciones inverosímiles, realizarán teletrabajos insospechados, recorrerán mundos virtuales, hoy inimaginables; amarán apasionadamente de manera ignota -quizás aberrante para las antiguas generaciones- y tendrán un sentimiento de comunidad universal y cosmopolita como quizá no ha habido otro en la historia de las sociedades humanas.

Hace unos años Paul Rabinow [5] señaló que en todas las sociedades el uso que la gente hace del espacio corresponde tanto a sus necesidades cotidianas como al desarrollo de la tecnología, las formas de producción y distribución de excedentes, las estructuras políticas existentes y las necesidades no materiales de los grupos humanos. Si se acepta esta tesis, las enormes transformaciones que las tecnologías digitales están generando en las interrelaciones sociales y en las mentalidades conducirán a la aparición de modos inéditos de concebir, usar y construir el espacio habitable. Prever y dar respuesta a estos nuevos requerimientos espaciales, se presenta como la principal tarea de los arquitectos o de quienes quieran que sean en el futuro los encargados de configurar los espacios reales o virtuales de la sociedad telemática.

En consecuencia, el desafío que se presenta a las escuelas de arquitectura no es tanto definir el modo cómo se deben incorporar las tecnologías digitales al proceso de la enseñanza, sino un reto mucho más general y complejo. A saber: el cuestionamiento de la idoneidad de las actuales estructuras académicas y de la didáctica tradicional para responder con éxito a los nuevos paradigmas culturales. En otras palabras, el tema es valorar si las actuales escuelas de arquitectura están preparadas para formar a los profesionales que demandarán los nuevos procesos de comprensión, configuración y gestión del espacio.

Lo primero que salta a la vista al intentar abordar este desafío, es que su resolución supera a las posibilidades y competencias de las respectivas escuelas de arquitectura. Esto es importante tenerlo en cuenta, porque es probable que muchas de las propuestas docentes que se puedan plantear fracasen si las actuales estructuras universitarias no se orientan hacia una mayor agilidad administrativa, una mayor flexibilización en los sistemas de contratación del profesorado y en los mecanismos para reformar los planes de estudio. Y, sobre todo, sino se rompe con el rígido corsé que la distribución de asignaturas por áreas de conocimiento impone a una comprensión unitaria y multidisciplinar de la arquitectura.

A la espera de que se produzca la necesaria revisión de la orientación y organización de la universidad, en lo que concierne a la enseñanza de la arquitectura, advertimos que la incorporación de las tecnologías telemáticas y, especialmente, de los sistemas digitales de representación al proceso docente no constituye un problema esencial; ni siquiera un problema importante, por muchas dificultades que presente su aprendizaje. En última instancia, las destrezas requeridas para dominar las tecnologías telemáticas se adquirirán por voluntad o necesidad de supervivencia; tal como ha ocurrido con la mayoría de los profesores y profesionales que hoy las utilizan.

Mucho más significativa es la apuntada transformación de las mentalidades y los paradigmas culturales de las nuevas generaciones, porque obligará a los profesores a abandonar su cometido tradicional de "transmisores de conocimiento" para cumplir el de "conductores de alumnos". El desafío será potenciar la autoformación, enseñando a seleccionar los contenidos relevantes del puro relleno, a asimilarlos, a interrelacionarlos y ponerlos en práctica. Se tratará de privilegiar el análisis y la interpretación de la información sobre la acumulación de datos. Una apuesta por el conocimiento y la creatividad frente a las técnicas de reproducción mnemotécnica de procedimientos o conceptos.

La perspectiva de una enseñanza y aprendizaje de la arquitectura que no se agota en la licenciatura, extendiéndose a toda la vida profesional, y la necesidad de una formación que comprenda que los problemas humanos son multidisciplinares e interdependientes en el tiempo y en espacio, se presentan como factores fundamentales para organización de la docencia en la comunidad telemática. Se debe encontrar un equilibro, nada sencillo de conseguir, entre imprimir un espíritu emprendedor en los alumnos, a la vez que prepararlos para el trabajo en equipo y en la tolerancia necesaria para moverse en la flexibilidad y multiculturalidad característica de la sociedad que se avecina. En este sentido, parece fundamental orientar la formación del alumno hacia el entendimiento de que los instrumentos utilizados en la práctica disciplinar condicionan el modo en que interpretamos, comprendemos y nos enfrentamos a los fenómenos o, si se prefiere, a la realidad. Se trataría, en síntesis, que la enseñanza no se centre en el aprendizaje de los conocimientos y habilidades necesarias para manipular adecuadamente los instrumentos digitales de proyectación, sino en la comprensión de lo que estas herramientas suponen para la comprensión e ideación de la arquitectura.

Para lograr este objetivo, se propone una aproximación antropológica a la enseñanza práctica y teórica de los sistemas y lenguajes de análisis, ideación y representación de la arquitectura. La ayuda de esta disciplina viene dada desde dos perspectivas distintas. Por un lado, el análisis antropológico permite entender el papel de los instrumentos del hacer arquitectónico dentro de la cultura en que se inserta. Por otro, la metodología antropológica enseña a descubrir las estructuras subyacentes tras los fenómenos culturales observables.

En el primer sentido, la visión antropológica se orienta a comprender la práctica y enseñanza de la arquitectura como un proceso cultural, más que como la adquisición de capacidades técnicas. Reflexionando sobre el tema, Javier Seguí [6] recordaba que la enseñanza del dibujo y el proyecto se ha basado siempre en el aprendizaje de oficios y destrezas mediante la realización de trabajos que obligan a ejercitar diferentes habilidades gráficas y proyectivas. Estas prácticas, orientadas y motivadas por el profesor, permiten aprender las técnicas de expresión gráfica a la par que distintas modalidades de dibujo necesarias para desenvolverse en la práctica profesional. Sin embargo, agrega el profesor Seguí, "... aunque en general esta pedagogía parece adecuada (de ahí su permanencia histórica), a menudo se obvia que las destrezas son formas de hacer, habilidades operativas, que sólo pueden fijarse [en la conciencia] con la ayuda de palabras que describan las operaciones y resultados y den pie a vincular a esos discursos precisas significaciones." Por ello, la enseñanza tradicional del proyecto y de sus herramientas debería complementarse con un trabajo teórico mediante el cual el alumno comprenda la relación que existe entre las herramientas utilizadas en la configuración de las formas arquitectónicas y el modo que tenemos de entender el mundo y, con él, la arquitectura. Algo que se podría lograr gravitando el aprendizaje de la arquitectura en la comprensión de los "movimientos generadores" -en el sentido amplio del término- de la forma artística.

En el segundo sentido, la antropología aporta una manera distinta de comprender el hecho arquitectónico. Desde la perspectiva del hacer cultural, la arquitectura deja de verse como un fenómeno autónomo. Al igual que el antropólogo, el arquitecto "ha de aprender, ante todo, a mirar. Pero no a mirar como hasta ahora, lo cristalizado, lo orgánico, sino [...] lo que estando ahí, pasa desapercibido, se escabulle a la conciencia, aunque no a ese nivel del pensamiento que aparece siempre alerta, dispuesto a ver lo que los ojos ven a primera vista, sino a segunda vista, luego de fijarse uno a las cosas, en el doble sentido de observarlas atentamente y de quedar adherido a ellas" [7]. Se trataría de inculcar una visión del proyecto desde los procesos antropológicos que lo definen, desde el descubrimiento del fundamento del hacer arquitectónico, más que en las realizaciones de la arquitectura.

A través de esta orientación pedagógica se espera que los instrumentos del proyecto arquitectónico y de manera especial los sistemas de representación, dejen de verse como entidades autónomas, como "técnicas a dominar", descontextualizadas tanto de las estructuras sociales como de los paradigmas culturales en que se desenvuelven. O, siguiendo a Heidegger, se espera que ayuden a vislumbrar que "habitar es descubrir un mundo más que arraigarse orgánicamente en el existente" [8]. Consecuentemente, consideramos que la introducción de las nuevas tecnologías en la enseñanza de la arquitectura no debería plantearse desde el énfasis en el conocimiento de las habilidades requeridas para su manejo adecuado. Si el aprendizaje técnico no va acompañado de la comprensión de lo que su uso significa desde un punto antropológico, difícilmente se solventarán las deficiencias que actualmente se observan en la enseñanza de la arquitectura, manifiestas en el poco alentador panorama arquitectónico de nuestras metrópolis. En síntesis, hay que dudar de las visiones redentoras de las tecnologías digitales aplicadas a la enseñanza de la arquitectura, porque, coincidiendo con Alian Finkielkraut: "Ningún problema escolar que no puede resolverse sin la informática será resuelto gracias a la informática" [9].

Notas

1. Mcluhan, Marshall: "La Galaxia de Gutemberg [1967]", Madrid: Aguilar, 1972.
2. Echeverría, Javier, "Periodismo electrónico en la sociedad del futuro", conferencia en: Colegio de Periodistas, Barcelona, 22/3/1996.
3. Puyol, Rafael, "Rasgos y desafíos de la Universidad del futuro", Madrid: Nueva Revista 69, 1999, pp. 70-84.
4. Abbagnano, Nicolás: "Diccionario de filosofía" [1956], México: Fondo de Cultura Económica, 1998, p. 65.
5. Rabinow, Paul, "French Modern. Norms and Forms of the Social Environment", The MIT Press, Massachusetts: Cambridge, 1989.
6. Seguí, Javier; "Acerca de algunas incongruencias en la enseñanza del dibujo y el proyecto arquitectónico", Madrid: Escuela Técnica Superior de Arquitectura, 1998.
7. Delgado, Manuel, "La inteligencia creadora", en Lente de aumento. Fotografía y arquitectura, Granada: Diputación Provincial, 1999.
8. Ripalda, José María, De Angelis. "Filosofía, mercado y posmodernidad", Madrid: Trotta, 1996, p. 38.
9. Finkielkraut, Alain, "Entrevista", Madrid: El País, 21/03/1998.

Bibliografía
Abbagnano, Nicolás: "Diccionario de filosofía" [1956], México: Fondo de Cultura Económica, 1998.
Delgado, Manuel, "La inteligencia creadora", en Lente de aumento. Fotografía y arquitectura, Granada: Diputación Provincial, 1999.
Echeverría, Javier, "Periodismo electrónico en la sociedad del futuro", conferencia en: Colegio de Periodistas, Barcelona, 22/3/1996.
Finkielkraut, Alain, "Entrevista", Madrid: El País, 21/03/1998.
Mcluhan, Marshall: "La Galaxia de Gutemberg [1967]", Madrid: Aguilar, 1972.
Puyol, Rafael, "Rasgos y desafíos de la Universidad del futuro", Madrid: Nueva Revista 69, 1999.
Rabinow, Paul, "French Modern. Norms and Forms of the Social Environment", The MIT Press, Massachusetts: Cambridge, 1989
Ripalda, José María, De Angelis. "Filosofía, mercado y posmodernidad", Madrid: Trotta, 1996.
Seguí, Javier; "Acerca de algunas incongruencias en la enseñanza del dibujo y el proyecto arquitectónico", Madrid: Escuela Técnica Superior de Arquitectura, 1998.

Hablemos de una opción para diseñar

EDGAR FABIÁN HERNÁNDEZ RIVERO

El siguiente listado es la construcción de una vía posible para el diseño de espacios habitables. No posee una pretensión de cubrir todos los procesos, en su lugar, busca ser un instrumento de reflexión-acción que conduzca a resultados congruentes con las cualidades de un momento socio-histórico específico. Contempla cinco etapas que han sido organizadas de acuerdo al orden considerado como adecuado, sin embargo, cabe tener presente que el diseño no es un proceso lineal, sino un vaivén de diversas interacciones que deben retroalimentarse y enriquecer la labor continuamente.

El encuentro con el habitante y la utilidad del objeto

Como punto de partida, es adecuado clarificarse qué es lo que el objeto a diseñar pretende satisfacer utilitariamente, identificar cuál es el problema que percibe el solicitante y al que se busca dar respuesta con la intervención del arquitecto -que aquí llamaremos diseñador de espacios habitables-. Inicialmente, esta información se adquiere en el acercamiento con el interesado (ya que puede ser un promotor) o usuario potencial, quien durante este primer encuentro suele manifestar una serie de necesidades generales a partir de cierto estilo de vida, predilecciones y gustos particulares.

Gradualmente, el diseñador interpreta y jerarquiza los datos obtenidos para elaborar, de la mano con el usuario o promotor, el denominado programa arquitectónico, que suele constituirse por parámetros de utilidad. Es decir, se conforma un listado de los espacios que debe contener el futuro objeto arquitectónico; sin embargo, éste suele transformarse según se incremente el diálogo diseñador-usuario y las nociones sobre el problema de diseño mismo.

El asunto de diseño y el análisis contextual

En base a los planteamientos resultantes del paso previo, debe identificarse aquel que resulte esencial, aquél elemento clave que rige a los demás y que –a través de su profundización- nos permite comprender los aspectos inherentes al objeto a diseñar, es decir, el aspecto fundamental que se traduce como el verdadero asunto de diseño.

En la reflexión del asunto, notaremos que se despliega una dinámica de variables que incidirán, tanto interna como externamente, en el objeto arquitectónico. Esto nos conduce al análisis contextual, es decir, al entendimiento de la obra no como resultado aislado del proceso de diseño, sino como entidad profundamente vinculada a una serie de procesos, que van desde lo sociopolítico y cultural, hasta lo geográfico, económico y ambiental.

Tener conciencia de la complejidad en torno a una obra, permite trascender su concepción como simple materialidad. Los alcances de un objeto arquitectónico, independientemente de su escala física real, son superiores a las dimensiones tangibles, en realidad, poseen una relación muy profunda con el ser humano, sus actividades particulares, su construcción social y el ambiente global en el que se desarrolla.

El usuario y su ambiente

Así, el asunto central de diseño se convierte en la vía de comunicación para el indivisible binomio usuario (real o potencial) y diseñador de espacios habitables. La claridad en este ámbito (por parte de ambos actores) permite desarrollar un lazo estrecho; y es que, para lograr una adecuada "construcción mental" del objeto, se debe buscar comprender al habitante más allá de los términos de practicidad.

Por ello, el diseñador debe adentrarse, con especial atención, a los aspectos sustanciales del habitante, aquella esencia que enriquece y sostiene la concepción de sí mismo y su entorno, sus anhelos, creencias, voluntades o preocupaciones y su conciencia como miembro de la comunidad; en otras palabras, se debe identificar en el usuario qué le otorga confianza y tranquilidad, qué le permite ser y pertenecer, qué y cómo es aquello que alimenta su existencia y le impulsa a realizar esta obra arquitectónica.

Cabe mencionar que la dimensión profunda del habitante no suele presentarse de manera explícita, sino que, en realidad, se nos despliega en la observación reflexiva, tanto en sus relaciones estrechas como a nivel comunitario; el diseñador debe poseer la sensibilidad para leer e interpretar los "mensajes entre líneas" y subyacentes que sutilmente le expresa el usuario y comprender que sólo al incorporar los elementos intangibles en la configuración del espacio se consolida el vínculo e identificación del usuario con el objeto arquitectónico.

La configuración espacial

Con la conciencia de interrelación y constitución de la obra arquitectónica que los elementos descritos anteriormente refieren, se lleva a cabo la configuración. Ésta corresponde a su proceso de integración, pero interpretados a nivel de espacio habitable y bajo un lenguaje estético.

Inicialmente, en la configuración se busca una secuencia y disposición lógica de los elementos que cumplen la función primaria de utilidad; es decir, una traducción en términos espaciales del programa arquitectónico. La satisfacción de los requerimientos fisiológicos del ser humano –como pueden ser las dimensiones o la accesibilidad- se encuentra contenida en esta etapa.

En un segundo momento se busca construir la experiencia del usuario, expresarle mensajes significativos, evocaciones y generarle ciertos efectos que han sido determinados por las características psicológicas y culturales que conforman su ideario y valores. Es decir, corresponde a una exploración dialógica entre los elementos estéticos (formas, materiales, luces, colores o texturas, ritmos, escalas, niveles, entre otros) y el usuario, a través de lo intuitivo.

Resulta vital comprender que una obra arquitectónica constituye la confirmación de un momento y estilo de vida particulares; en su congruencia radica su autenticidad. En la configuración del espacio debe ponerse de manifiesto la existencia irrepetible de un habitante, aquélla que sólo en ese tiempo y espacio pudo suscitarse. Por ello, una obra arquitectónica no debe ser el resultado de formalismos planteados por algunos diseñadores renombrados o apegarse a las tendencias presentes en otros contextos; el valor de una obra se encuentra en su franqueza con el mundo en el que se encuentra –entendido como experiencia humana-, así como en el mundo que, a partir de ella, se establece y manifiesta a los demás.

A partir de la configuración, en la que el diseñador considera la suma y dinámica de todos los elementos anteriormente mostrados, se conforma el denominado proyecto, cuyo destino es la materialización de la obra.

El factor "recursos"

Toda obra arquitectónica permanentemente estará condicionada a dos recursos estrechamente relacionados: la economía y la técnica; la primera, marca la pauta de lo posible en términos de tiempo, adquisición, características o cantidades de procesos, mientras que la segunda, rige lo posible en lo que a sistemas, capacidades y cualidades se refiere.

El diseño y materialización del espacio urbano-arquitectónico que se diseña debe funcionar con la presencia -o ausencia- de ciertos recursos. Esto no significa que el proceso creativo se vea subordinado a ellos, aunque sí es parte de las consideraciones paralelas en las actividades de diseño.

La genuina concordancia entre los recursos -técnicos y económicos- y la expresión en el objeto arquitectónico es característica de un diseño posible, coherente y significativo para el ser humano.

Notas

1. En "el origen de la obra de arte", el filósofo alemán Martin Heidegger hace referencia a que todo objeto –que va desde un instrumento hasta una edificación- posee una finalidad utilitaria (ser del útil). A partir de la cual se despliegan dimensiones de carácter más profundo.
2. En el taller de investigación "Arquitectura y Humanidades" del posgrado de Arquitectura de la UNAM se aborda a la obra como resultante de un momento socio-histórico, en el cual se encuentran contenidas variables políticas, económicas y culturales; sin el cual un objeto urbano-arquitectónico no puede ser creado o entendido, ya que se encuentra inmerso y, por tanto, en función de él.
3. Al constituirse la obra como un reflejo significativo de la cosmovisión del habitante se desarrolla el "ser de confianza" –planteado por Heidegger como la máxima de una verdadera obra de arte-. Esto le permite al usuario detonar un momento (instante poético planteado

por Gaston Bachelard en Poética del espacio y por Octavio Paz en *El arco y la lira*) y cuya efervescencia radica en el encuentro consigo mismo, es decir, con aquello verdaderamente entrañable, con esa libertad y plenitud que todo ser humano busca.

4. En *La frontera indómita*, Graciela Montes refiere a la imaginación como el punto en donde brotan y se desencadenan nuestros más profundos anhelos, pues es ahí donde se encuentra la esencia personal, "nuestro lugar". La autora menciona que el juego es la actividad –casi ritual- en la que se expresa esta sustancia. Partiendo de ello, en lo lúdico, en la experiencia más honesta, el diseñador de espacios habitables notará las pulsaciones que rigen la vida del habitante en cuestión, por lo que debe sensibilizarse a identificar esos momentos, sus circunstancias y la profundidad que guardan.

5. Nicolai Hartmann, en sus observaciones ontológicas acerca de la estética, plantea que las obras de arte poseen estratos, es decir, capas que se despliegan al espectador –el que las experimenta- de acuerdo a la naturaleza de sus propios mecanismos. En el caso de la arquitectura, plantea sus creaciones cubren un espectro que va desde la materia tectónica y la utilidad hasta el cobijo metafísico a nivel individual o la expresión universal -al mundo, como patrimonio tangible y como memoria- de la cosmovisión de un momento histórico específico.

6. A esta noción le denomina Heidegger el desvelamiento de la verdad.

Bibliografía

Bachelard, Gaston, "La poética del espacio", México: FCE, 2011.

Hartmann, Nicolai, "Estética", México: UNAM, 1977.

Heidegger, Martin, "Arte y poesía", México: FCE, 1992.

Montes, Graciela, "La frontera indómita", en torno a la construcción y defensa del espacio poético, México: Fondo de Cultura Económica, 1999.

Paz, Octavio, "El arco y la lira", México: FCE, 2006.

68

La interpretación gráfica de la obra arquitectónica

CONCEPCIÓN LÓPEZ GONZÁLEZ

Este artículo establece la relación entre la arquitectura y la comunicación entre individuos considerando dos niveles lingüísticos: el mensaje transmitido por la obra arquitectónica que se interpreta a través de un lenguaje gráfico y la posterior interpretación de los dibujos de arquitectura. Para ello se establecen las claves objetivas que codifican la representación de la arquitectura y aquellas otras que sirven para expresar las intencionalidades del autor.

Cuando se representa arquitectura se establecen dos procesos de comunicación sucesivos: la percepción visual inicial es traducida a un lenguaje gráfico que, a su vez, produce una evocación de la arquitectura representada en el observador del dibujo. Para que todo este proceso de emisión y recepción de imágenes llegue a buen fin, es absolutamente necesario realizar un ejercicio de interpretación. El profesor Seguí (1) define la interpretación como la situación en la cual un entendimiento recibe un mensaje de otro, a través de la forma representativa que es la configuración expresiva. La interpretación, es pues, la función que permite la comunicación, es decir, no puede existir comunicación si no existe una interpretación. Según Heidegger (2), en su carácter de proyección, el comprender constituye el ver. Al desarrollo de comprender lo llamamos interpretación. La interpretación se funda en el comprender y no al revés lo que demuestra la intrínseca relación entre conceptos como comunicación, transmisión, interpretación y comprensión. Comprender es analizar; lo que implica descomponer; al descomponer se adjudican significados intencionales a las partes y esto no es ni más ni menos que interpretar el proceso desencadenante desde el origen o la génesis hasta la obra finalizada.

Tal y como propone Jencks (3), para analizar la arquitectura es conveniente acudir a las características esenciales que contiene y que ya preconizaba Vitruvio, es decir, la forma, la función y la técnica de forma que sea posible realizar por separado el análisis de cada una de ellas. Se puede entender como "forma" el color, la textura, el espacio, el ritmo, etc.; como "función" el propósito, el uso, las connotaciones del pasado, el estilo, etc. ; y como "técnica" la estructura, los materiales, los servicios mecánicos, etc.

Gillo Dorfles (4) admite que es normalmente posible entrever un nexo bastante claro entre las configuraciones arquitectónicas y su "significado". En consecuencia, la significación arquitectónica será más de un orden simbólico y esto queda demostrado cuando un elemento sin valor estático o funcional resulta visualmente necesario para conseguir su eficacia simbólica. Por este motivo Gillo Dolfles propone un análisis del significado arquitectónico funcional de los elementos o partes que componen un edificio y, por otro lado, un análisis de los significados simbólicos de estas partes en el caso de que los tuvieran.

Sin embargo, estos autores dejan de tener en cuenta un tercer factor en el análisis de una arquitectura: su poética. Arquitectura poética, según Franco Fonatti (5) es aquella que crea una nueva composición al relacionar formas y contenidos de una manera nueva e inusual al contraponer y mezclar formas, al establecer y transgredir normas y al hecho de dar a todo ello un significado o hacer que surja por sí mismo. Esta poesía es la que hace posible comunicar las imágenes de una manera nueva, hasta el punto de que la imagen aparece como mensaje aunque el significado no resulte claro de inmediato. Lo poético es una comunicación en clave que, debido a su complejidad, va más allá del objeto puramente material e instrumental. El análisis de la obra arquitectónica al que se referían Jenks y Gillo Dolfles, está orientado a un fin consecuente y preciso, mientras que lo poético expresa la búsqueda de la totalidad. Podríamos decir que no hay verdadera arquitectura sin poesía. Franco Fonatti asegura que la poesía es el erotismo de la arquitectura. La poesía tal vez sea ese algo aparentemente superfluo que, de una manera simbólica y en clave, establece una relación entre el mundo interior del creador y el mundo exterior del receptor.

Esto también sucede en el caso de la interpretación de un dibujo. El profesor Manuel Baquero Briz (6), en su conferencia "Reflexiones sobre el dibujo: desde la idea a la construcción", expuso que a partir de los dibujos de arquitectura, a menudo se puede identificar claramente la génesis de un proyecto. La idea básica deja su rastro sobre el papel y rara es la vez en que las subsiguientes fases de elaboración no queden visibles a modo de capas superpuestas. Se trata de correlacionar la forma, el contenido y la percepción como señala Jencks e integrarlos dentro de una interpretación total a través de un lenguaje gráfico. Esta afirmación llevada a la práctica plantea ciertos problemas dada la ambigüedad de la relación entre los medios de expresión y los contenidos arquitectónicos a pesar de la inevitable asociación del discurso de los dibujos y el discurso de las ideas.

Conocidos los signos del mensaje gráfico (los trazos, las líneas, las manchas sombreadas o de color...) y las claves convencionales que rigen universalmente su utilización (sistemas de representación codificados y normativa) es posible comprender e interpretar el dibujo de arquitectura. Sin embargo, a estos convencionalismos cabría añadir la semejanza como relación entre el dibujo y lo que representa. En este caso el dibujo no muestra solamente el objeto representado: expone asimismo su propio modelo de representación tal y como afirman Boudon y Pousin (11).

Por otro lado, se hace necesario tomar en consideración las intencionalidades del autor. Entramos aquí en un mundo mucho más ambiguo, donde las claves no son únicas ni se descifran siempre del mismo modo. ¿Cómo se manifiestan las intencionalidades en un dibujo?: mediante los sistemas de presentación empleados, a través de los cuales es posible transmitir sentimientos, estados de ánimo, ideas abstractas, poética, subjetividades en definitiva, que provienen de la propia personalidad del emisor del mensaje. Esta idea queda perfectamente resumida en las palabras del profesor Manuel Baquero (12): Un dibujo arquitectónico nunca puede ser una exhibición caligráfica ni un objeto expresivo que acabe en sí mismo, aunque siempre entendemos el dibujo de la arquitectura como un indicativo de intenciones y contenidos, no sólo como un código directamente entendido, sino como transmisor de una poética e incluso de unos métodos que traspasen la pura descripción física.

Esta presentación de los dibujos a la que el profesor Seguí denomina "modalidad declarativa o presentativa" del dibujo demuestran la intencionalidad del que los realiza. El "estilo" al que se refiere Robert Stern (13) es lo que habitualmente se denomina estilo gráfico o grafismo donde intervienen diferentes factores formales como son las variables gráficas y los sistemas de representación empleados. La elección de este último, su aplicación o el orden de aparición afecta en sí a la naturaleza de la información que genera, es decir, contiene una carga intencional que será descifrada e interpretada por el lector del dibujo. Cuando se estudian los dibujos de un determinado arquitecto, encontramos que el uso de un sistema de representación determinado nos da la respuesta (no universal, por supuesto), de sus claves arquitectónicas. Lo que actualmente entendemos por planos de proyecto de arquitectura son representaciones diédricas capaces de describir todos y cada uno de los aspectos de una arquitectura, desde los constructivos y funcionales hasta su propia composición formal. Se trata de un sistema totalmente objetivo. Estos planos se caracterizan por su interés descriptivo y analítico. Sin embargo, incluso dentro del uso del sistema diédrico se puede manifestar una intencionalidad en la presentación. No debemos olvidar que en estos sistemas de representación la relación entre objeto y dibujo es una relación de "semejanza" y debe ajustarse a las estructuras perceptivas, tal y como indica J. Berger (14).

Cuando se emplean perspectivas rápidas e intuitivas al principio de la fase del croquis suelen corresponderse con proyectos volumétricamente más expresionistas donde se valoran los aspectos visuales o perceptivos del edificio, mientras que el empleo de las axonometrías buscaría más rotundidad geométrica exterior y una valoración explícita de esas masas exteriores (15). Otro de los factores que interviene en la presentación de un dibujo y, por tanto, es una herramienta de uso habitual para transmitir intencionalidades es lo que se ha dado en denominar las variables gráficas (Jorge Sainz) o soporte visual (Bruno Munari) o elementos del diseño (Scott VanDyke). Estos elementos gráficos o signos (la línea, la textura, el color, la luz y la sombra) sensibilizan el dibujo. Sensibilizar equivale a dar una característica gráfica por la cual el signo se desmaterializa como signo vulgar, común y asume una personalidad propia. Las líneas o trazos son los elementos primarios, que encadenados en una serie, producen una forma. ¿Pero cómo se sensibiliza una línea?. Utilizando los tres aspectos (control cualidad y variación) que jerarquizan la intencionalidad de la representación, hasta alcanzar en muchos casos la categoría de símbolo. Scott VanDike habla de la "línea expresiva" afirmando que las variaciones de dirección, peso, ángulo, etc., de una línea a menudo se utilizan para sugerir diversas emociones y significados: por ejemplo, las líneas rectas verticales y marcadas sugieren fuerza, mientras que las líneas ondulantes horizontales y delgadas insinúan calma y serenidad.

La gradación cromática, la luminosidad y la textura suelen ser herramientas que se emplean como razón de "semejanza" para acercarnos a la realidad arquitectónica del referente, pero también ayudan a dar un valor expresivo al dibujo, utilizando una retórica poética; por ejemplo, un dibujo de líneas a lápiz, da una información objetiva sin intentar adjetivar el hecho arquitectónico representado, sin embargo, si aparecen las texturas y las sombras, estaremos enfatizando los volúmenes y el movimiento del referente, es decir, estamos marcando las masas; sin embargo, cuando la línea está sola y además está realizada a tinta, la arquitectura dibujada pierde compacidad y rotundidad para convertirse en delimitaciones precisas, limpias y frágiles que definen volúmenes arquitectónicos más etéreos.

Todos estos factores de "presentación" que constituyen el grafismo en un dibujo, son los que ayudan al autor a transmitir sus intencionalidades. Es por ello que el grafismo no debe estar encorsetado basándose en argumentaciones tales como la comunicación universal y la necesidad de la codificación.

El uso de las variables gráficas, de la adecuada elección del sistema de representación y de la presentación misma del dibujo provocan la interpretación pretendida del mismo y por ello estas herramientas colaboran en la correcta transmisión del mensaje con todos sus aditamentos tanto objetivos como subjetivos, es decir, las presentaciones propias de los dibujos cargadas de mensajes subliminales ayudan a la comprensión de la representación gráfica y del mensaje emitido provocando la interpretación y evocación de la arquitectura representada.

Notas

1. Segui, "La interpretación de la obra de arte. Introducción a la interpretación y el análisis de la forma arquitectónica", Madrid: Complutense, 1996, p.15.
2. Heidegger, M., "El ser y el tiempo", Madrid: Trota, 2003, (497 pp.).
3. Jencks, "El significado en arquitectura", Madrid: Blume, 1975, p.10.
4. Jencks, *op. cit.*, p. 39.
5. Fonatti, Franco, "Principios elementales de la forma en arquitectura", Barcelona: G.G., 1988, p.131.
6. Conferencia impartida en el Seminario sobre Fundamentos Gráficos para la Expresión de la Arquitectura, realizado en Valencia (1995).
7. Ferrater, "Indagaciones sobre el lenguaje", Madrid: Alianza, 1970, p. 20.
8. Panofsky, "El significado en las artes visuales", Madrid: Alianza Forma,1983
9. Montes Serrano, C., "Sobre el concepto de la representación gráfica", Seminario sobre los Fundamentos Gráficos para la Expresión arquitectónica, Valencia: DEGA, 1995, p. 3
10. Colquhoun, Alan, "Arquitectura modera y cambio histórico", Barcelona: G. Gili, 1978, p.75.
11. Boudon, Pousin "El dibujo en la concepción arquitectónica", México: Limusa, 1993, p. 16.
12. Baquero, "Reflexiones sobre el dibujo: desde la idea a la construcción", Conferencia.
13. Allen y Oliver, "Arte y proceso del dibujo arquitectónico", Barcelona: G.G., 1982, p. 88.
14. Berger, J. "Modos de ver", Barcelona: G. Gili, 1974. Los signos icónicos no tienen las mismas propiedades físicas del objeto, pero estimulan una estructura perceptiva semejante a la que estimularía el objeto imitado.
15. De Lapuerta, "El croquis proyecto y arquitectura", Madrid: Celeste, 1997, p. 38.

Bibliografía

Allen y Oliver, "Arte y proceso del dibujo arquitectónico", Barcelona: G.G., 1982.

Baquero, "Reflexiones sobre el dibujo: desde la idea a la construcción", Conferencia.

Berger, J. "Modos de ver", Barcelona: G. Gili, 1974.

Boudon, Pousin "El dibujo en la concepción arquitectónica", México: Limusa, 1993.

Colquhoun, Alan, "Arquitectura modera y cambio histórico", Barcelona: G. Gili, 1978.

Conferencia impartida en el Seminario sobre Fundamentos Gráficos para la Expresión de la Arquitectura, realizado en Valencia (1995).

De Lapuerta, "El croquis proyecto y arquitectura", Madrid: Celeste, 1997.

Ferrater, "Indagaciones sobre el lenguaje", Madrid: Alianza, 1970.

Fonatti, Franco, "Principios elementales de la forma en arquitectura", Barcelona: G.G., 1988.

Heidegger, M., "El ser y el tiempo", Madrid: Trota, 2003.

Jencks, "El significado en arquitectura", Madrid: Blume, 1975.

Montes Serrano, C., "Sobre el concepto de la representación gráfica", Seminario sobre los Fundamentos Gráficos para la Expresión arquitectónica, Valencia: DEGA, 1995.

Panofsky, "El significado en las artes visuales", Madrid: Alianza Forma,1983.

Segui, "La interpretación de la obra de arte. Introducción a la interpretación y el análisis de la forma arquitectónica", Madrid: Complutense, 1996.

Consideraciones para el proceso de diseño arquitectónico

JORGE ANÍBAL MANRIQUE

En el presente ensayo se plantean algunas consideraciones que pueden tener presencia durante el proceso de diseño de una obra arquitectónica. Cabe aclarar que no se trata de un método de diseño, ya que se considera que el proceso creativo es propio y diferente en cada arquitecto, y además, que cada necesidad espacial o arquitectónica requiere, casi siempre, ser solucionada de una manera distinta a otras.

La mayoría de las consideraciones que se mencionarán a continuación, no tienen un punto o tiempo específico durante el proceso de diseño de los espacios habitables (ya que dicho proceso es un ir y venir por las ideas [1]). Sin embargo, se cree que muchas de ellas deberían tenerse en cuenta, inclusive, antes de que el arquitecto realice los primeros trazos de lo que en el futuro se convertirá en una obra arquitectónica. Alberto Saldarriaga, al respecto del trabajo creativo, dice lo siguiente:

El enfoque de estas reflexiones se puede considerar como "contextualista"; eso no quiere decir que se esté sugiriendo que la labor creativa del arquitecto se limite, sólo que se considera que, si el proyecto arquitectónico (que más adelante se convertirá en una obra arquitectónica) surge en función de dar respuesta a una necesidad espacial humana; lo mínimo que se puede esperar, es que el arquitecto intente responder adecuadamente, a través del lenguaje arquitectónico, a ese requerimiento.

Sumado lo anterior, se considera que la obra de arquitectura debería ser un resultado del contexto en el que está inmerso el ser humano. Cada individuo, sin que tenga derecho a elegirlo, nace inmerso en él; es decir, el contexto existe antes de que el individuo exista [2]. Muchas de las características –identidad- de cada persona son determinadas por ese contexto; por tal motivo se piensa que la arquitectura debería, en la medida de las posibilidades, de responder a las determinantes del contexto (físico, socio-cultural, económico, geográfico, etc.) dentro del cual nace inmersa.

A lo largo del documento, se podrá observar cómo la mayoría de los asuntos que se abordan están en relación de la correspondencia que podría o debería haber entre el ser humano, la arquitectura y el contexto. Desde nuestra perspectiva se cree que al comprender esas correspondencias, el arquitecto puede determinar con mucha más facilidad las ideas proyectuales (germen), que fundamentarán las características de los diferentes componentes espaciales que harán parte la obra arquitectónica. Por ejemplo; si se requiere un espacio apropiado para leer, se buscará captar la luz natural adecuada, orientando el espacio (obra arquitectónica) de tal manera que se puedan aprovechar las determinantes del contexto (como la latitud del sitio) pertinentes para dicha actividad del habitante; así, si la mejor orientación para un espacio con dicha actividad es hacia el sur, la idea proyectual –germen- para este requerimiento es abrir vanos que capten la luz natural proveniente del sur. La ideas proyectuales muchas veces suelen representarse por medio de esquemas muy sencillos, pero que están cargados de reflexión y de la potencialidad de materializarse como espacios habitables, o como un componente de ellos.

Finalmente, es importante resaltar que las siguientes consideraciones han surgido en torno a las reflexiones realizadas en varios de los seminarios cursados en la maestría. Muchas de ellas también son resultado de la exploración bibliográfica que ha acompañado el desarrollo del trabajo de investigación (tesis) en dicha maestría. Las consideraciones son las siguientes:

1) El habitante:
Antes de trazar cualquier línea o empezar a imaginar las posibles cualidades espaciales del objeto arquitectónico que el futuro habitante solicita; es fundamental que el arquitecto busque, de la mejor manera, comprender [3] la mayor cantidad de asuntos relacionados con ese habitante (o grupo de habitantes). Asuntos como: los requerimientos biológicos –según la actividad que va a desarrollar- , antropométricos, psicológicos, culturales, etcétera;

que se espera sean suplidos a través de la obra arquitectónica. Esta labor puede ser la más compleja de todas; sin embargo, hay que tener presente que, es en función del habitante que se originan los objetos arquitectónicos. Afirma Paul Valery: "Es necesario trabajar para alguien, y no para desconocidos. Hay que apuntar hacia alguien y cuanto más nítidamente lo hagamos mejor será el trabajo, y el rendimiento del trabajo. (…) Se trata solamente de encontrar ese alguien. Ese alguien da el tono al lenguaje, la extensión de las explicaciones, mide la atención que se puede reclamar. (…) Representar a alguien es el don mayor de un escritor [arquitecto diríamos nosotros]. [4]"

1.1 El habitante como ser biológico y físico:

Tener en cuenta las condiciones biológicas adecuadas que el espacio arquitectónico debe brindar al habitante. Condiciones de temperatura, iluminación, ventilación, olores, y demás, que permitan que el habitante como organismo, pueda realizar sus actividades cómodamente. Esas condiciones pueden variar, por ejemplo, según la actividad que se vaya a realizar, o según las características del contexto físico donde, tanto la obra como el habitante, están inmersos. Así, un organismo requerirá de un rango de temperatura-adecuada- para realizar actividades pasivas y de otro rango para realizar otras actividades que implican esfuerzo físico. O, por ejemplo, no es lo mismo diseñar un espacio de lectura en un sitio donde se estará a cuarenta grados Celsius, bajo la sobra, que en otro en el que se esté a diez grados de temperatura. La psicología ambiental es una de las disciplinas que más aporte puede dar al arquitecto en relación a todos estos aspectos.

Es esencial tener conocimiento del espacio que el ser humano requiere para realizar de manera adecuada sus actividades. Esto implica que el arquitecto conozca de los requerimientos antropométricos (espacio ocupado por el movimiento del cuerpo humano) y ergonómicos (espacio que ocupa el ser humano usando objetos para el desarrollo de sus actividades), que demandan dichas actividades, para que el habitante las pueda realizar de manera óptima en los futuros espacios arquitectónicos. En muchas ocasiones los aspectos culturales influyen en las dimensiones requeridas para una misma actividad; por ejemplo, un espacio para comer en Japón puede requerir dimensiones más reducidas que el mismo espacio en México. De ahí la importancia que tiene para el arquitecto adentrarse en el contexto cultural al que pertenecerá la obra arquitectónica (Esto se ampliará líneas más adelante).

1.2 El habitante como ser social:

Como se mencionó al inicio, muchas de las características de la identidad de los individuos están determinadas por su contexto social y cultural. En ese sentido adentrarse al conocimiento de los rasgos culturales (tradiciones, mitos y ritos) [5] del grupo social donde está inmerso el habitante; es fundamental para que el arquitecto comprenda la manera en cómo la arquitectura promueve, o es escenario, de dichas manifestaciones culturales [6].

Aunque por naturaleza el ser humano es un ser social, es necesario entender cómo en el contexto especifico donde se construirá la obra arquitectónica, los individuos se relacionan entre sí; cómo se integran; y cómo la arquitectura es un instrumento que permite esa manera de relacionarse. Por ejemplo, los patios, las calles o las plazas son componentes espaciales que motivan la relación entre las personas, pero es labor de cada arquitecto identificar las características, el lenguaje urbano-arquitectónico, que refuerza esos lazos de vinculación.

Con el tiempo, entre los grupos sociales también se generan ciertos patrones de la manera en cómo se busca disfrutar de la intimidad. Es así como, por ejemplo, en cierto sitios puede haber una tendencia a que las viviendas estén cerradas totalmente al exterior, y se abran a patios interiores; o también (como sucede en sitios costeros) donde las viviendas están más abiertas, lo que permite una interacción mayor entre el interior y el exterior. Esto habla de las maneras en cómo los patrones culturales influyen en la forma en que cada individuo concibe su espacio personal y la relación que se puede establecer entre éste y el exterior (contexto urbano o natural).

-La obra de arquitectura, dice Nicolai Hartam, es o debería ser la expresión de "la voluntad del modo de vida se sus habitantes" [7]. En síntesis, cuando una obra de arquitectura se inserta en un contexto, donde sus habitantes ya tienen un modo de vida, es importante que el arquitecto se pregunte el porqué y el cómo de esos modos de vida, y su manifestación en la arquitectura. ¿Cuáles son los mitos y ritos que integran a esa comunidad? ¿Cómo se manifiestan espacialmente? ¿Cuál es su manera de ocupar el suelo? ¿Por qué? ¿Cómo es su relación con la naturaleza, con el contexto urbano, con el paisaje? ¿Cómo establecen su relación -a través de la arquitectura- con el clima, con la topografía, con el viento? ¿Cuáles son sus tradiciones constructivas? ¿Cuáles son sus patrones estéticos? ¿Cómo todos estos rasgos socioculturales se evidencian en el carácter de los individuos que componen ese grupo social? ¿Son fríos o cálidos? En fin, todas estas y muchas más preguntas, se espera que hagan parte de las reflexiones que el arquitecto haga en relación al habitante como ser social.

1.3 El habitante como ser individual:

Octavio Paz en uno de los capítulos de su libro "El laberinto de la soledad" comenta que lo genérico no es sinónimo de lo humano. En ese sentido, el arquitecto como el poeta, debería luchar por "no ser despojado de su naturaleza humana" [8], de tal manera que no se conforme con respuestas genéricas, sino que busque que los espacios habitables que está diseñando, respondan de la manera más apropiada a las condiciones del ser humano -individuo- que los va a habitar.

La obra de arquitectura que es una resonancia de su habitante, es una obra que le permite a este reconocerse a través de ella. Así, al leer -habitar- la arquitectura, el habitante podrá leerse a sí mismo, recordar aquello que ha vivido y soñar con aquello que anhela. En ese sentido la arquitectura revelaría el ser del ente que la habita; esa revelación la convierte en arte, y como afirma Martín Heidegger "todo arte en esencia es poesía" [9]. La arquitectura entonces debería pensarse como poesía para quien la habita.

Al leer un poema, el lector lo recrea en su pensamiento con imágenes de su experiencia; la arquitectura como poesía, debería entonces llegar a ser un detonante de memorias gratas, para su habitante.

En este orden de ideas, el arquitecto debería preguntarse, y más importante aún, preguntarle al habitante el por qué y el para qué del nuevo objeto arquitectónico. Esto le ayudará a entender la significación que desde el origen tiene dicho objeto, que se espera, se pueda materializar. Muchas veces el habitante ya se ha hecho una imagen en su mente de aquel posible objeto arquitectónico; eso que se imagina es la representación de unos anhelos, que al lograr discernirlos, serán para el arquitecto herramientas que le permitan proponer soluciones más acordes con los deseos -psicológicos o espirituales- del habitante [10].

En relación a lo anterior, se hace necesario que el arquitecto indague, le pregunte al habitante, si es posible, sobre todos los hábitos –ritos- que tenga [11], y los que anhela desarrollar en el futuro espacio arquitectónico que quiere habitar; preguntar por ejemplo, si es el caso de una casa habitación: ¿Cómo duerme? ¿De qué horas a que horas duerme? ¿En dónde le gusta dormir? ¿Cómo se levanta? ¿Qué sería lo primero que quisiera ver cuando se despierta? ¿Le gusta ver la luz del sol en las mañanas? ¿Se levanta inmediatamente de su cama cuando se despierta o se queda un rato en ella? ¿A qué hora se baña? ¿Cómo le gustaría entrar a su baño? ¿Le gustan las ventanas en el baño? ¿Prefiere la luz cenital o artificial en el baño? ¿Se cambia en su habitación o en el baño? ¿Qué le gustaría ver por la ventana de su habitación? ¿Le gusta estar aislado del exterior? Y bueno, un sin numero de preguntas que le van a permitir al arquitecto tener una noción, los más cercana posible, de los deseos o anhelos del habitante. Dice Nazario Chacón en su poema "Para construir una morada":

> No quiero que me duelan las paredes de mi casa, que nadie diga que me miré al espejo ni que tiré para siempre mis zapatos que perdieron su color por la distancia, construyela... para que converse conmigo y ponle mil ventanas que den al paraíso [12].

Como son tantos los requerimientos o deseos que se obtienen del habitante, se debe tratar de ser muy creativo en la forma de captar esa información. Algunos arquitectos, aparte de las muchas entrevistas -que se pueden grabar-, suelen solicitarle una o varias cartas al futuro habitante para que él les exponga esos anhelos. Anhelos que, si es posible y en primera instancia, deben ser de las maneras de habitar que quiera experimentar el habitante; ya que muchas veces, en su afán, este suele dirigirse y expresar su deseo directamente de la imagen formal de ese espacio que quisiera habitar. Eso llegará en su momento. Es labor del arquitecto hacerle entender al habitante que lo más importante es entender su manera de habitar.

Por lo general, el habitante, también recrea en su mente los espacios de aquel objeto arquitectónico que desea y pretende encargar al arquitecto. Es, pues, necesario que después de conocer las maneras de habitar, el arquitecto abra un espacio para escuchar las ideas formales y materiales que tiene el habitante del futuro espacio arquitectónico.

Conocer las cualidades de los materiales y entender las tecinas de construcción, es fundamental para que el arquitecto pueda explicarle al habitante, que tan apropiados son esos materiales para lograr las condiciones habitables adecuadas, de aquellos espacios arquitectónicos que él desea experimentar [13]. Suele suceder, que por lograr cualidades estéticas del espacio se generan resultados negativos en la habitabilidad del mismo; y viceversa.

Cuando el habitante expresa esas cualidades físicas que imagina para el futuro objeto arquitectónico, sería bueno que el arquitecto indague de dónde surgen esas referencias. Puede que el habitante diga que son de una revista, pero es necesario que el arquitecto intente ahondar en lo profundo de esos recuerdos. Preguntarse qué espacios significativos son los que evocan esas imágenes. Esto requerirá tal vez de otras charlas, pero el arquitecto estará atento para que más adelante, esos espacios que él proponga, puedan evocar esas memorias significativas para el habitante [14]; no copiando tal cual, sino entendiendo su esencia. La arquitectura no puede responder a vagas repeticiones, cada obra de arquitectura debe ser un acontecimiento único [15].

Es necesario conocer qué materiales y cualidades espáciales –o formales– son las que generan confianza (psicológica) al habitante [16]. Para ello se pueden promover conversaciones en las que el sujeto (o grupo de sujetos) relate aquellos momentos en los que ha sentido paz y libertad dentro de un espacio, para que esas experiencias puedan ser evocadas en el futuro objeto arquitectónico.

No debería obviarse la manera en cómo el habitante pudiera llegar a experimentar (percibir) plenamente los espacios habitables. Aunque el sentido de la vista es esencial, se considera que una obra arquitectónica que estimule la mayor cantidad de sentidos, podría generar experiencias más intensas en los ser humanos. Sentir que se respira, que se palpa, que se oye, le permitiría al ser humano ser más consiente del momento presente; de sentir más plenamente que está vivo y habitando en el mundo.

Los latinoamericanos por ejemplo, comenta Octavio Paz, "somos seres contemplativos". La arquitectura entonces, podría ser un medio para que el ser humano se aparte momentáneamente de "la realidad inventada" –ciudad- y pueda contemplar todo aquello que lo remite a su origen, como dice Paz: a "los lazos que lo unen con la creación" (…). "Volver a ser sol; volver al centro de la vida de donde un día fue desprendido (…); reconciliarse con el universo" [17] y con la madre tierra de la cual un día se desprendió, y a la cual tiene la esperanza de regresar.

El arquitecto puede ser el medio para que se manifieste la verdad del habitante en la arquitectura [18]. No debería contemplársele como un dios que tiene el don, así porque sí, de "mejorar" la manera de vivir de los demás seres humanos, como suele creerse. Quienes actúan y piensan de esa manera, se alejan de la esencia humana del oficio, como diría el mismo Paz.

2) El contexto

Ya se habló que el origen del objeto arquitectónico es la necesidad del habitante; sin embargo, ese objeto debe tomar forma en algún sitio o entorno especifico; ya sea rural o urbano. Existen también un sinnúmero de determinantes de orden socio-histórico, económico-político, de la voluntad artística y físico-ambientales, del sitio de implantación, que van a incidir en el objeto arquitectónico construido.

Contexto socio-histórico: como se mencionó antes, es importantes indagar sobre cuáles son las características históricas del grupo social donde se insertará el objeto arquitectónico [19]. Cuáles son sus costumbres y maneras de habitar; y cómo se manejan las relaciones grupales e interpersonales que forjan el carácter de ese grupo social; entre muchas otras cosas.

Contexto económico-político: Es necesario conocer la actividad económica de los habitantes del sector y cuál es la estructura socio-política.

Contexto cultural: indagar sobre cuáles son los mitos y ritos característicos de ese grupo social. Cuáles son sus tradiciones y festividades. Y todos aquellos aspectos culturales que puedan afectar las actividades del futuro objeto arquitectónico.

Cuál puede ser la voluntad artística [20]: como aquella que ha motivado que exista cierta estética especifica, en los objetos arquitectónicos y artísticos, como reflejos de la cohesión de creencias, filosofías o formas de ver la vida en ese contexto o sitio específico. Es esencial respetar y asimilar esa voluntad artística, y no imponer crudamente a modo de "hombre civilizado", una voluntad artística ajena al contexto físico y cultural del sitio.

Contexto físico-ambiental:

Del sitio circundante: es necesario conocer las tipologías edificatorias, las formas de ocupación del territorio, las características del paisaje (urbano o rural), el clima, el lenguaje arquitectónico prevalente (relación con la voluntad artística), los usos y actividades del suelo, las tecnologías y materiales constructivos accesibles, las normativas, etcétera.

Del terreno: la obra arquitectónica debería apropiarse y entender la topografía, las características del suelo, la orientación, es decir, la incidencia de la luz del sol; la acometida a los servicios públicos, la accesibilidad peatonal y vehicular, la relación con los predios vecinos, las visuales cercanas y lejanas, y la vegetación. El arquitecto está en el deber de hacer una lectura detallada del terreno y su entorno; de leer las esencias de sus componentes. Esto será clave, para que en el momento en que esté tejiendo la relación entre el objeto arquitectónico y su contexto, es decir, entre el habitante y el entorno, nada quede al azar [21]. Ojalá el reconocimiento de esas esencias, se haga junto al habitante, para que empiece a apropiarse de su entorno antes de materializar el objeto arquitectónico.

3) Las ideas proyectuales y los conceptos

Antes de empezar a geometrizar o representar de forma abstracta, con herramientas de precisión, las ideas sobre el futuro objetos arquitectónico; es importante estructurar un programa de funciones del proyecto. Esto con la intención de no desbordarse en ideas que tal vez no correspondan a lo que él habitante quiere. Es necesario que en un dialogó con el habitante se estructure ese programa.

Al identificar cuales son los espacios (funciones) requeridos, se pueden empezar a estructurar las ideas proyectuales. Estas ideas surgen de todo lo que se habrá hablado con el habitante, en cuanto a las formas de habitar y sus anhelos espaciales; y lo que el arquitecto crea pertinente proponer. Estas serán el eje conductor para estructurar, formal y espacialmente los distintos componentes programáticos del objeto arquitectónico.

Pero ¿qué son las ideas proyectuales? La ideas proyectuales son aquellas imágenes, que surgen en la mente del habitante y en la mente del arquitecto, especialmente, y que representan las intenciones espaciales del proyecto. Estas intenciones –como se dijo más atrás- pueden ser representadas gráficamente por medio de esquemas. Por ejemplo: el habitante le comenta al arquitecto que quiere tener en su vivienda, una habitación que tenga luz cenital y deje entrar el sol en las mañanas. Con esta petición el arquitecto esbozará un esquema de ese espacio en corte, o sección, y con unas flechas marcará, por una parte, en qué sitio de la habitación se ubicará el tragaluz y, por el otro, cómo entrarán los rayos del sol de la mañana.

En la etapa de definir las ideas proyectuales, es donde se da la oportunidad de explorar un sinnúmero de posibilidades espaciales; de las cuales se tratarán de escoger las más apropiadas, para los anhelos del habitante y las intensiones del arquitecto [22].

Las ideas proyectuales van a estar presentes durante todo el proceso de la proyectación y se van a manejar en todas las escalas de intervención del futuro objeto arquitectónico; es decir, además de las ideas proyectuales de las espacialidades, se generarán este tipo de ideas desde los detalles constructivos hasta las relaciones con el contexto inmediato, ya sea urbano o rural.

Luego de definir las ideas proyectuales de las distintas espacialidades que compondrán el objeto arquitectónico, llegará el momento de pensar las relaciones entre esos espacios. Surgen entonces los esquemas de relaciones funcionales, basados en el programa arquitectónico, y los esquemas de circulación, que estructuran esas relaciones espaciales, interiores y del objeto arquitectónico con su entorno. La organización de estas estructuras requiere de mucho tacto, ya que desde ellas: las ideas proyectuales de los espacios, los recorridos y las relaciones espaciales, tiene que hacer evidente la intención de una arquitectura pensada desde el habitar como arte; como poesía. [23]. Es decir, la poética del habitar debería estar presente desde las primeras ideas del proyecto, pasando por la estructuración del programa, por las representaciones (dibujos, maquetas, etc.), la materialización y construcción, hasta el momento mismo en que el habitante experimente sus espacialidades [24].

Luego de definir las estructuras de relaciones espaciales y de recorridos, el arquitecto puede empezar a abstraer, aún más, esas intenciones; generando lo llamados ejes compositivos (de orden) que darán una lógica de composición y funcionamiento general del proyecto. Estos ejes suelen definirse en los esquemas de la futura planta arquitectónica o de las secciones y alzados, que se elaborarán un poco más adelante en la etapa de representación del diseño.

En todo este proceso proyectual es bueno tener presente el concepto general y los demás conceptos que han surgido de la cercanía con el habitante; y que éste anhela ver reflejados en el futuro objeto arquitectónico. Por ejemplo: si se trata de una casa habitación, el habitante podría decir que quiere un lugar tranquilo, que lo aislé de la ciudad. Con estas palabras claves, el arquitecto bajo el concepto de tranquilidad, y después de haber escuchado y entendido en qué momentos el habitante siente esa tranquilidad, buscará la manera de formalizar espacialmente ese concepto.

4) El carácter

El carácter del objeto arquitectónico como totalidad, y el de cada uno de sus componentes espaciales, proviene de la materialización del concepto general y los conceptos particulares que han dado origen a las ideas proyectuales. Este carácter se manifiesta en la forma o volúmenes que contienen el espacio; pero lo más importante es que provenga de las condiciones habitables, físicas y espirituales, del habitante.

El carácter del objeto arquitectónico empieza a ser evidente desde la misma imaginación del arquitecto y luego en las representaciones tridimensionales, ya sea a través de dibujos, modelos o maquetas, que éste haga. El carácter se define también según las actividades humanas que va a albergar el objeto arquitectónico; por ejemplo: un teatro tiene un carácter distinto al que tiene una biblioteca.

Hay arquitecturas que presentan un énfasis en su carácter formal exterior, mientras existen otras, que al contrario, suelen tener un carácter difuso en el exterior, pero en el interior, en cada una de sus espacialidades, su esencia es clara. Depende de cada quien hacer énfasis en el carácter exterior o interior de la arquitectura que se está proyectando, aunque lo más sano puede ser llegar a un equilibrio. Más allá de lo anterior, lo que debería primar, es que el habitante identifique ese carácter, esa esencia, y tenga el placer de reconocerlo como un reflejo de sus anhelos [25].

No sólo en la volumetría se define la esencia o carácter de los objetos arquitectónicos. Esa búsqueda trasciende a todas las escalas de intervención de ese objeto; partiendo por los materiales: entendiendo cómo funcionan, cuál es su expresión plástica, cuáles son sus aportes a la habitabilidad, etcétera [26]. El carácter también está dado por la relación entre esos materiales; los diferentes componentes del lenguaje arquitectónico (ventanas, escalera, puertas, cubiertas, etcétera); en el mismo objeto como totalidad, y en su relación con el entorno.

5) Las materialidades

Como se comentó antes, conocer las posibilidades de cada material que se va a usar para dar forma a las intenciones proyectuales, es fundamental para el arquitecto. Esto indica, que las materialidades deberían estar siempre presentes en su mente; desde la primera idea proyectual. La importancia de este aspecto radica, en que un mal manejo de las materialidades puede impedir que se logren las cualidades habitables, físicas y espirituales, que el habitante anhela experimentar en el futuro objeto arquitectónico [27].

La luz, el sonido o el silencio, los olores, el viento, la vegetación, los paisajes (lejanos y cercanos), el agua, las transparencias y reflejos, y la infinitud de propiedades intrínsecas de las cosas de la naturaleza y de aquellos transformados por el hombre, son también materialidades de la arquitectura. En todos ellos debería apoyarse el arquitecto para enriquecer el espacio arquitectónico, donde tendrá lugar el habitar del ser humano.

Es un acto de humildad entender que, al igual que el arquitecto es un mediador entre la arquitectura y el habitante; la arquitectura también es un puente, un lugar, una frontera, una mediación entre el habitante y su entorno, o como lo afirmaría Heidegger en su ensayo "Construir, habitar, pensar": entre el habitante y la cuaternidad (refiriéndose a la relación entre cielo, tierra, los divinos y los mortales)[28].

Todos los componentes del objeto arquitectónico deberían tener esa condición de lugar. Un muro bajo que se ensancha, puede permitir que el habitante se siente en él, lo considere un lugar para estar, para conversar. La ventana profunda de una casa colonial, permite un lugar para poder observar. Una puerta con un zaguán profundo, da lugar para una transición entre el interior y el exterior. Debería ser un deber del arquitecto, propiciar lugares donde acontezca el habitar humano.

6) El entorno

La arquitectura surge del contexto y de sus materiales; también surge de la formas de habitar. El arquitecto debe buscar en lo posible una solución arquitectónica que responda a ese entorno [29]. Una buena arquitectura es la que permite una clara relación entre el habitante y ese contexto; al respecto Worringer dice: "las continuas mutaciones de esa relación entre el hombre y las impresiones del mundo circundante, constituyen el punto de partida para toda psicología [arquitectura] de gran envergadura [30]."

El arquitecto debería desarrollar su cualidad de ser visionario; de entender las continuas mutaciones de las maneras de habitar del habitante y del grupo social circundante, para prever desde el diseño, una arquitectura que se adapte a ese tipo de variables.

Si el proyecto se inserta en un sector urbano, la obra no debería de concebirse como una "obra autista". La arquitectura debería dialogar con su entorno. La arquitectura, quiéralo o no, construye ciudad; en ese sentido puede proveer a los habitantes de la ciudad, acontecimientos que enriquezcan su habitar en ella [31]. Hoy en día no es fácil que un arquitecto pueda intervenir a sus anchas el espacio de la ciudad, pero cada objeto arquitectónico que se construya en ella, puede tener parte de su origen en el servicio de lo público, así sea en el sencillo manejo de su piel, de aquella frontera que separa interior y exterior [32]. Si el cielo es de todos, por qué no abogar porque la tierra también lo vuelva a ser.

Notas finales

El proceso de proyectación no se puede considerar como un proceso lineal, siempre será necesario contemplar todos los aspectos, será un ir y venir entre todos ellos (las ideas proyectuales, las diferentes escalas, etcétera); esto garantizará que el diseño se enriquezca cada vez más. Modificar uno de los componentes en cualquiera de las etapas del proceso, puede significar devolverse a una etapa anterior para modificar nuevamente los asuntos previamente analizados.

-La revisión de proyectos análogos debería ser constante; esto servirá como herramienta para enriquecer las soluciones con las que se intenta dar respuesta a las necesidades planteadas en el proyecto. No se trata de copiar, sino de entender otras soluciones que permitan hacer una propuesta más sensata, más estudiada.

No debería existir la preocupación por pensar que el objeto arquitectónico es la simple repuesta a las determinantes trazadas: el habitante, el entorno, el concepto, las materialidades, etcétera. La innovación tendrá lugar en el preciso momento en que el arquitecto, además de responder a todas esas determinantes, sea capaz de prever otros aspectos que el habitante no alcanza a discernir, y que le van a servir, para que su habitar transcurra entre nuevos acontecimientos que marquen su vida de forma positiva. También, que el habitante habite en plenitud (cuerpo y alma), le permitirá a éste trazarse nuevos horizontes y seguir creciendo, en busca de una existencia mucho más plena en esta tierra, donde ha podido encontrar, gracias a la labor del arquitecto, su lugar entre el cielo y la tierra, entre los divinos y los mortales; es decir, en la cuaternidad.

Finalmente, es necesario entender que la labor de proyectar y diseñar un objeto arquitectónico es algo que implica un trabajo constante, que dependerá del compromiso, de la voluntad del arquitecto como poeta. La inspiración viene del trabajo; en el diseño nada puede ser dejado al azar [33].

Notas

1. Saldarriaga Roa, A., "La arquitectura como experiencia: Espacio, cuerpo y sensibilidad", Bogotá: Villegas Editores, p. 283. Afirma el autor "Trabajar creativamente es ir y venir por los textos, los dibujos, las partituras, las manipulaciones directas de los materiales o las telas que dejaron de ser blancas para ser pinturas. Igor Stravinski sintetizó esto al afirmar que sus obras eran un 20% de inspiración y un 80% de transpiración."
2. Hall, Edward T.; "La dimensión oculta. Enfoque antropológico del uso del espacio"; México: Siglo XXI, p. 288. El autor comenta al respecto: "El hombre por mucho que lo intente, jamás, podrá despojarse de su propia cultura ni prescindir de ella en modo alguno".
3. Edgar Morín comenta: "Comprender significa intelectualmente aprender en conjunto, comprehender, asir en conjunto (el texto y su contexto, las partes y el todo, lo múltiple y lo individual). (…) Comprender incluye necesariamente un proceso de empatía, de identificación, y de proyección. Siempre intersubjetiva, la comprensión necesita apertura, simpatía y generosidad. "Morin, Edgar, "Los siete saberes necesarios para la educación del futuro", México: UNESCO: Correo de la UNESCO, c1999, p. 91.
4. Valéry, Paul, "Notas sobre poesías"; Trad. Hugo Gola, México: Universidad Iberoamericana, 1995, p. 26.
5. Octavio Paz, "El laberinto de la soledad", México: FCE, 1997. Paz plantea la importancia de conocer "la naturaleza ritual de los pueblos" , p. 51; Y comenta en relación al rito: "nudo de relaciones entre los seres humanos (…). Relaciones que limitan la acción individual y protegen al hombre de la soledad y al grupo de la dispersión (…). Las repeticiones rituales de un pueblo, develan su pasado mítico", p. 223.
6. Cassirer, Ernst; "El mito del estado", México: FCE, 1975, p. 38. Cassirer apoyado en los planteamientos de Th. Ribot dice que el rito y el mito "no existen separadamente; son correlativos e interdependientes, se apoyan y se explican el uno al otro." Y ellos necesariamente, demandan de un escenario espacial que les da lugar, existencia propia.
7. Hartmann, Nicolai; Hartmann, Nicolai, "Estética", México: UNAM, 1977, p. 255. "La expresión de la voluntad vital del modo de vida. También pude llamarse a este estrato interno, la idea de la obra arquitectónica.
8. Hartmann, op. cit., p. 74.
9. Heidegger, Martin, "Arte y poesía", México: FCE, 1992, p. 98. Argumenta el autor: "La esencia del arte es la poesía. Pero la esencia de la poesía es la instauración de la verdad [del ser]. La palabra instaurar la entendemos aquí en un triple sentido: instaurar como

91

ofrendar, instaurar como fundar e instaurar como comenzar." La arquitectura establece el mundo del ser que la habita; es decir, debe ser un reflejo de su verdad, de su esencia.

10. Hartmann, Nicolai, *op. cit.*, p. 255. "Pertenece entonces evidentemente a la experiencia de la vida en tales obras arquitectónicas, en su contemplación y utilización diarias, en la confianza que se le toma y en la creciente necesidad de hacer que lo habitado, sea soportable y adecuado, para configurar, en general, formas que sean suficientes para un anhelo anímico superior, es decir, aquellas que expresan algo del ser anímico y de la postura interior de sus creadores".

11. Hartmann, Nicolai, *op. cit.*, p. 250. "De veras orgánica, como construida desde dentro, sólo puede ser una solución que parta por completo del aspecto práctico y elija después las posibilidades que éste le permita desde el punto de vista de la forma estética".

12. Fragmentos del poema "Para construir una morada". (Dedicado al arq. Lorenzo Carrasco.) Nazario Chacón Pineda. Documento inédito propiedad de Roberto López Moreno.

13. Heidegger, *op. cit.*, p. 81. Comenta Heidegger: "Los grandes artistas, aprecian en extremo la capacidad manual, para cuyo pleno dominio exige un cultivo esmerado". Esto es una recomendación certera; el arquitecto está en la obligación de conocer las técnicas constructivas de su tiempo, entender los materiales, cómo funcionan, cuáles son sus propiedades y, sobre todo, cuál es su aporte a la habitabilidad de los espacios que permiten materializar.

14. Heidegger, Martín; "Construir, Habitar, Pensar", conferencias y artículos, Barcelona: SERBAL, 1994, p. 8. Dice el autor "El lugar [espacio arquitectónico] avía otros lugares".

15. Heidegger, Martín, "Arte y poesía", México: FCE, 1992, p. 100. "Siempre que el arte [la obra de arquitectura] acontece, es decir, cuando hay un comienzo, se produce en la historia un empuje y ésta comienza o recomienza."

16. Heidegger, *op. cit.*, p.54. Dice el autor: "El ser del útil, el ser de confianza, concentra en sí todas las cosas a su modo y según su alcance. El servir para algo útil sólo es, en rigor, la consecuencia esencial del ser de confianza. Aquél está dentro de éste y sin él no sería nada." La arquitectura debe ser de confianza para el habitante, permitir que el ser que la habita se sienta libre, en paz.

17. Paz, Octavio, *op. cit.*, pp. 23 y 30.

18. Heidegger, *op. cit.*, p. 97 "la poesía [la arquitectura] es el decir de la desocultación del ente [de quién la habita] Pág. 115 "la poesía es la instauración del ser con la palabra", se podría decir "la poesía es la instauración del ser que habita en la arquitectura".

19. Heidegger, *op. cit.*, p. 101. Dice el autor: "El origen de la obra de arte,

es decir, a la vez, de los creadores y contempladores, es decir, de la existencia histórica de un pueblo, es el arte". La verdad que revela la arquitectura, es en gran parte la realidad del momento geo-socio histórico en que está inmerso el habitante.

20. Worringer, Wilhelm; "La esencia del Gótico", México: FCE, p.17. "Las crecientes relaciones entre los pueblos, han contribuido a imponer la exigencia de un criterio más objetivo para la evolución del arte y a ver una diversidad de voluntades artísticas donde antes no se veía sino una diversidad de capacidades." Pág. 19. "(…) la historia de la voluntad artística vendrá a codearse, como igual, con la historia comparativa de los mitos, (…) las religiones, (…) la filosofía, (…) las instituciones del universo, esas grandes encrucijadas de la psicología de la humanidad."

21. Paz, Octavio, "El arco y la lira", México: FCE, 2006, p. 160. "Así la ocurrencia poética [arquitectura] no brota de la nada, ni la saca el poeta de sí mismo: es el fruto del encuentro de la naturaleza animada, dueña de existencia propia, y el alma del poeta [del arquitecto y el habitante]."

93

22. Hartmann, Nicolai, *op. cit.*, p. 251. "No hay que pensar que no quede espacio de juego para la configuración espacial si se preocupa uno primero por el propósito práctico". Dando a entender que la exploración espacial es superior a la simple configuración funcional de un espacio.

23. Hartmann, Nicolai, *op. cit.*, p. 250. "Debe proponerse una tarea y justo en su solución debe mostrarse el arte".

24. Heidegger, *op. cit.*, p. 59. Dice Heidegger: "Pero la obra no es ningún útil, provisto además de un valor estético que a él se adhiere". La poética debe estar presente en la arquitectura desde su origen; es responsabilidad del arquitecto, no solo de quien la habita.

25. Worringer, *op. cit.*, p.13. "La psicología del estilo comienza cuando los valores formales se hacen inteligibles como expresión de los valores internos"

26. Hartmann, Nicolai, *op. cit.*, p. 252. "Pues aquí lo importante es esto: que la belleza de la forma no estribe tanto en las proporciones espaciales en cuanto tales, sino en el sentido dinámico de las formas; así, pues, en que el peso de lo material y su superación por medio de la construcción resulten intuibles en la forma visible".

27. Hartmann, Nicolai, *op. cit.*, p. 251. "Ahora bien, todas las artes están ligadas a su materia y ligadas por ella, pero la materia de la arquitectura tiene un peso y una obstinación especiales (…) Por ello, depende también la composición espacial al límite de la composición dinámica."

28. Heidegger, Martín; "Construir, habitar, pensar", conferencias y

artículos, Barcelona: SERBAL, 1994, p.4. "El lugar avía la cuaternidad en un doble sentido. El lugar admite a la cuaternidad e instala a la cuaternidad. Ambos, es decir, aviar como admitir y aviar como instalar se pertenecen el uno al otro. Como tal doble aviar, el lugar es un cobijo de la cuaternidad o, como dice la misma palabra, un *huis*, una casa. Las cosas del tipo de estos lugares dan casa a la residencia del hombre".

29. Heidegger, Martín, "Arte y poesía", México: FCE, 1992, p. 100. "Saber significa haber visto en el amplio sentido de ver, es decir, percibir lo presente en cuanto tal. La esencia del saber, para el pensamiento griego es la desocultación del ente". El arquitecto debe percibir el espacio como lo van a percibir sus habitantes, conocer la esencia de cada muro, de cada material; asimismo del lugar circundante, de las vistas, la luz, el viento, etcétera.

30. Worringer, *op. cit.*, p. 20.

31. Hartmann, Nicolai, *op. cit.*, p. 254. "El punto de vista suele ser proporcionado por el modo de vida, sobre todo de la vida comunitaria. (…) A qué aspecto se le dé preferencia es asunto del modo de vida predominante o también del gusto. Y aquí -es decir, en el primer estrato interno de la obra arquitectónica- depende ya el estilo de vida muy estrechamente del estilo arquitectónico".

32. Bachelard, Gaston, "La poética del espacio", México: FCE, 2011, p. 250. Dice el autor de la relación entre lo de dentro y lo de fuera: "Dentro y fuera constituyen una dialéctica de descuartizamiento y la geometría evidente de dicha dialéctica nos ciega en cuanto la aplicamos a terrenos metafóricos. Tiene la claridad afilada de la dialéctica del sí y del no que lo decide todo. Se hace de ella, sin que nos demos cuenta, una base de imágenes que dominan todos los pensamientos de lo positivo y de lo negativo".

33. Paz, Octavio, "El arco y la lira", México: FCE, 2006, p. 158.

Bibliografía

Bachelard, Gaston, "La poética del espacio", México: FCE, 2011.

Cassirer, Ernst; "El mito del estado", México: FCE, 1975.

Chacón Pineda, "Para construir una morada", Documento inédito propiedad de Roberto López Moreno.

Hall, Edward T.; "La dimensión oculta. Enfoque antropológico del uso del espacio"; México: Siglo XXI.

Hartmann, Nicolai, "Estética", México: UNAM, 1977.

Heidegger, Martin, "Arte y poesía", México: FCE, 1992.

Heidegger, Martín; "Construir, habitar, pensar", conferencias y artículos, Barcelona: SERBAL, 1994.

Morin, Edgar, "Los siete saberes necesarios para la educación del future", México: UNESCO: Correo de la UNESCO, c1999.

Octavio Paz, "El laberinto de la soledad", México: FCE, 1997.

Paz, Octavio, "El arco y la lira", México: FCE, 2006.

Saldarriaga Roa, A., "La arquitectura como experiencia: Espacio, cuerpo y sensibilidad", Bogotá: Villegas Editores.

Valéry, Paul, "Notas sobre poesías"; Trad. Hugo Gola, México: Universidad Iberoamericana, 1995.

Worringer, Wilhelm; "La esencia del Gótico", México: FCE, 1985.

Algunas reflexiones sobre el imaginario de la arquitectura como arte en el diseño arquitectónico y en su enseñanza

FEDERICO MARTÍNEZ REYES

Históricamente, desde que en Grecia se acuñó el término de arte (tekné), la arquitectura ha permanecido dentro de este campo, aunque su tránsito por este concepto ha cambiado tanto como lo ha hecho el mismo concepto de arte. Actualmente la arquitectura es arte porque fue incluida, y se ha ido consolidando, como una de las bellas artes. Sin embargo, hoy por hoy no basta que la arquitectura sea bella, es necesario que además sea original, creativa, distinta y que, aunado a esto, sea expresiva. Si alguna arquitectura logra contener todos estos valores tendrá gran resonancia en el mundo del arte. Detrás de su creación, hay un ente que la hace posible, un ser creativo, con la posibilidad de imaginar formas imposibles para los demás seres, un creador de edificaciones y un verdadero hacedor de conceptos e ideas: el arquitecto, principal encargado de que la construcción sea, desde el diseño, arte. Para lograrlo debe saber expresarse a través de su obra, la arquitectura, como lo hace todo buen artista.

Pero creer que de esta manera se hace la arquitectura, señalar como único responsable y creador al arquitecto, tiene implicaciones en el entendimiento de la disciplina y, sobre todo, en un campo que nos compete a quienes además de ejercer la profesión intentamos enseñar: la docencia. En este campo, es necesario reflexionar sobre las incidencias que tal imaginario tiene en nuestra manera de pensar y ejercer el diseño, asimismo, es necesario acotar las posibilidades que tenemos como docentes de crear artistas y las posibilidades que los alumnos tienen de llegar a serlo antes de recibir el título, con el fin de definir nuestro campo de actuación y de tener claridad sobre lo que queda dentro y fuera de nuestro alcance como diseñadores arquitectónicos.

La arquitectura no es del arquitecto

Cuando un pintor trabaja en una pintura, traza, dibuja, afina detalles y al final firma su cuadro. Un escritor construye la trama de una novela, escribe y reescribe la historia hasta terminar y firma su obra. Nadie duda de que estos artistas sean autores intelectuales y materiales de la obra que producen, por esta razón decimos que "La noche estrellada" es de Van Gogh, la "Novena sinfonía" es de Beethoven, el "Pabellón de Barcelona" es de Mies van der Rohe y la "Villa Savoye" de Le Corbusier. Como el artista es el hacedor de la obra, mantiene derechos de posesión sobre el resultado final. Incluso, aún cuando alguien compra un objeto de arte, una pintura por ejemplo, el artista mantiene su derecho de posesión, pues cuando el dueño presume la obra de arte dice tener una pintura de Van Gogh en su sala. Con la música sucede algo parecido, cuando vamos a una sala de concierto decimos haber escuchado la música de Mozart o Bach.

Pero con la posesión de la obra arquitectónica pasa algo muy distinto. Tomemos un caso paradigmático de la arquitectura moderna: la Casa Farnsworth de Mies van der Rohe, de Edith Farnsworth.

La aliteración usada en la última frase es intencional y tiene el propósito de plantear la duda sobre qué cosa es del arquitecto y qué cosa es de la dueña. Hagamos el ejercicio con la casa donde vivimos, la oficina donde trabajamos o la universidad a la que asistimos. ¿De quiénes son esas arquitecturas? Difícilmente diremos que es del arquitecto, sobre todo cuando contestemos esta pregunta refiriéndonos a las casas donde vivimos, es decir, a nuestras casas. De manera similar diremos que la oficina es de la empresa o que el campus donde tomamos clase es de la universidad. ¿Y el arquitecto? ¿Por qué no decimos que es de tal arquitecto? Podríamos decir que porque ni nuestra casa, ni las oficinas, ni el campus son arte y que solamente damos el nombre del arquitecto cuando la obra arquitectónica es arte. Pero diciendo esto, podríamos pensar que los objetos en donde vivimos, estudiamos y trabajamos, al no ser arte no son arquitectura, lo que daría como conclusión que el arquitecto que trabajó haciendo el edificio, no hizo arquitectura sino construcción y que, por lo tanto, no es arquitecto sino constructor. Vaya lío.

Pero tratemos de no complicar las cosas, averiguando qué de lo construido es del arquitecto. Si le preguntáramos a Edith Farnsworth de quién es la afamada casa a la que nos referimos, muy seguramente diría que es suya, tan suya que demandó penalmente a Mies porque la casa que le pidió al arquitecto resultó más cara de lo convenido. Si nos preguntaran también de quién es la casa en donde vivimos seguramente contestaremos de manera similar: es nuestra. Muy distinto a cuando presumimos nuestro cuadro de "La noche estrellada" que es de Van Gogh, la casa será del dueño y únicamente del dueño. En el caso de la obra pictórica, y aún cuando sea nuestro cuadro, si nos preguntan de quién es, no dudaríamos en decir que es de Van Gogh, por el hecho de que él, el artista, la hizo. Pero la arquitectura no la hace el arquitecto. Esta aseveración puede ser difícil de aceptar, porque es un hecho reconocido y difundido que el arquitecto hace la arquitectura y que, por lo tanto, lo construido es de él. Sin embargo, el cliente, que con su dinero posibilita la construcción, dirá también, y muy justificadamente, que está haciendo su casa o un edificio de oficinas. Y los obreros y albañiles dirán lo mismo. Quien haya contratado a un albañil para construir aunque sea una barda podrá constatar que éste presenta como curriculum vite lo que él ha hecho, y lo que ha hecho son edificaciones y así lo dice: yo hice una casa en tal lugar y tal edificio en otro. Él hizo la obra, él con sus propias manos colocó tabiques y mezcló el cemento. Si nos apegamos al estricto significado de las palabras no nos equivocamos al decir que, efectivamente, él hizo la obra.

Contrastando las otras artes, como la música, la poesía o la pintura, con el de la arquitectura, vemos una primera diferencia: donde los otros hacen la obra, es decir la pintura, la escultura o la obra literaria, el arquitecto no, porque en la producción de la arquitectura, entendida ésta como el objeto construido, intervienen muchísimas personas, entre ellas el arquitecto, los ingenieros, los obreros y el cliente. Todas estas personas dicen haber hecho la obra; sin embargo, quienes la posibilitaron fueron, en primer lugar, el cliente y, en segundo lugar, los obreros. La arquitectura pertenece al cliente que la hizo, nunca al arquitecto quien muchas veces ni siquiera tiene participación en la construcción.

Si el arquitecto no es el que materializa la arquitectura, la obra arte, entonces su aportación artística se encuentra en el trasfondo de ésta, en su espíritu, en lo intelectual, es decir, en el diseño.

El diseño y el diseñador

Las artes del diseño aparecen con el Renacimiento y le dan a los gremios de los arquitectos, pintores y escultores una posición social distinguida. Hasta antes de esta época, las cosas eran diferentes. Las disciplinas a las que pertenecían estos trabajadores eran consideradas artes, pero no como ahora las entendemos, sino más bien como oficios. Eran arte porque producían algo con base en reglas claramente establecidas. Dentro del sistema de las artes, que se dividía en dos, ellos eran considerados artistas vulgares o mecánicos y no competían en nada con su contraparte, las artes liberales -las cuales se reducían a siete: la lógica, la retórica, la música, la geometría, la astronomía, la gramática y la aritmética- que gozaban de un alto prestigio y marcaban claramente su diferencia con las artes vulgares por el simple hecho de no ejercer un trabajo físico, como lo implicaba la escultura o la carpintería, sino un trabajo puramente intelectual.

Pero a raíz de la importancia que durante el gótico adquieren los masones, o albañiles y canteros que tallaban la piedra, esta situación comienza a cambiar para los arquitectos. Estos masones no nada más saben tallar la piedra sino que tienen el conocimiento y la capacidad de obtener el alzado de una planta, conocimiento sagrado y secreto de la logia de albañiles-canteros-trabajadores de piedra, a la postre arquitectos, que se basa en una arte liberal: la geometría.

Curiosamente, es el gótico quien, a pesar de ser duramente desdeñado por los renacentistas, le permite a las artes del diseño, es decir, a las artes del dibujo -arquitectura, pintura y escultura- escalar unos cuantos peldaños en la pirámide social. El arquetipo del artista del renacimiento, como Leonardo da Vinci o Miguel Ángel, se distingue por ser diestro no nada más como pintor, sino como escultor, arquitecto y humanista. De hecho, es a partir de esta época cuando a las obras se les adjudica la autoría del diseñador, algo inaudito hasta entonces ya que si retrocedemos en el tiempo difícilmente veremos el nombre de un arquitecto, artista vulgar, ligado a una obra, una prueba más de que ahora los diseñadores se habían desprendido de este estatus y comenzaban a avanzar hacia el arte liberal gracias a sus conocimientos de geometría, principalmente de la perspectiva.

Antes del Renacimiento, el artista no importaba, ahora es protagonista. Se conoce su nombre y se le busca no nada más por lo que hace sino por lo que sabe, sobre todo por sus ideas. Antes del Renacimiento el arquitecto era un albañil, un mason, un artista vulgar, alguien que podía ser considerado un buen artista vulgar dependiendo de qué tanta destreza demostraba en su oficio. Pero para los pintores, escultores y arquitectos la destreza no bastaba, y no nada más porque les comenzaba a parecer denigrante ser considerados simples artesanos o porque al dejar de ser artistas vulgares tuvieran mucho más rédito monetario, no, esto era secundario, lo que les preocupaba era parecer intelectuales, individuos que basaban sus destrezas no nada más en reglas sino en ideas plasmadas en el diseño, algo que hoy día sigue siendo de nuestro mayor interés.

Una vez ubicadas las artes del diseño en el Renacimiento, se hace claro que la destreza no basta, hace falta la idea que mueva la maquinaria de la destreza. Porque si bien hay quienes tienen ideas y hay quienes tienen destrezas específicas, es el arquitecto quien tiene la capacidad y el privilegio de plasmar ambas en el diseño. Si es así, habrá que comprobarlo.

En primer lugar hay que dejar en claro que, si bien en el Renacimiento el diseño obtiene su nombre y se constituye como disciplina, éste muy seguramente era practicado desde mucho antes por quienes se dedicaban a producir objetos de cualquier índole, sobre todo por los encargados de llevar a cabo una construcción. La razón es muy sencilla, la producción de objetos arquitectónicos es costosa y uno no se puede dar el lujo de construir sin más, sin tener al menos un modelo previo que nos permita proyectar qué tanto estamos de acuerdo en que así se construya, ya sea porque nos gusta, nos es agradable o porque pensamos que si se construye de esa manera nuestra construcción será confortable, práctica, funcional y todo lo que queramos que sea cuando quede construida. No es como construir una vasija cuya forma podemos determinar al momento que la moldeamos en el torno y que podemos destruir si no es de nuestro agrado. En arquitectura destruir representa un gasto que ni el cliente ni el arquitecto están dispuestos a erogar.

Pero no siempre existe un arquitecto detrás de la arquitectura porque no siempre quien construye contrata un arquitecto; sin embargo, si construir es costoso, asumimos que siempre hay un diseño antes del objeto arquitectónico, lo que quiere decir que muchas personas, sin ningún conocimiento particular de la profesión, diseñan. Esto es difícil de reconocer para algunos arquitectos y profesionales del diseño en general, pero si tomamos en cuenta lo dicho anteriormente, nos daremos cuenta que es algo necesario. Quizá no sean diseñadores profesionales y sus diseños no alcancen la calidad de un profesional, hay sus excepciones, pero si un individuo se propone construir algo es necesario prever cómo es que ese algo será y, por lo tanto, tendrá que diseñar, pues el diseño tiene como objetivo prefigurar la forma de lo que se pretende producir. En mi experiencia profesional he tenido clientes que al contratarme me entregan un diseño de lo que han pensado hacer, con trazos someros, pero al fin y al cabo un diseño. Habrá quienes objeten que esta imagen puede llegar a ser un diseño, pero entonces deberíamos preguntarnos cuál es la diferencia entre el dibujo de un individuo y el del dibujo del arqui.

Ya veíamos que las artes del diseño fueron nombradas así porque su común denominador era precisamente el *disegno*, es decir, el dibujo. Pero afirmar que cualquiera que dibuje ya está diseñando es un insulto para los que nos dedicamos al diseño de manera profesional, pues para que los diseñadores aceptemos como diseño un dibujo éste debe estar cargado de significados que lo conviertan en original, creativo e innovador, entre otras características, algo que los arquis consideran que los no arquis difícilmente lograrán.

Hay que señalar que en el habla cotidianao la palabra diseño no solamente la utilizamos para nombrar a los dibujos que hacemos, también la usamos para designar a los objetos diseñados, de tal manera que cuando un objeto nos gusta decimos que es un buen diseño. También se emplea para hacer referencia a una profesión, generalmente al diseño gráfico o al industrial, aunque cada profesión que hace uso del diseño le quita su apellido, obviando su significado dentro del contexto en que se usa. Para nuestros fines, entenderemos el diseño no como el objeto o la profesión, sino como la serie de dibujos cargados de significados que nos permiten configurar la forma de lo que se pretende producir.

Ahora bien, los valores que cargan de significado al diseño han variado a través del tiempo y lo original y lo creativo, valores que hoy caracterizan la artisticidad del diseño, son recientes, de mediados del siglo XIX, cuando a raíz del Romanticismo se comienza a valorar más el genio y las ideas del artista que sus destrezas y, en consecuencia, lo que hay dentro del artista y cómo lo expresa –la poética de las cosas. Si su manera de expresarse es distinta a lo conocido, es mejor. La arquitectura, al quedar dentro de la clasificación de las bellas artes establecida a partir de 1750, entra en este juego de valorar el arte por el artista y no el objeto construido a través de destrezas basadas en reglas establecidas. Con el desarrollo del pensamiento impulsado por el impresionismo y las vanguardias, serán estas reglas la razón de la rebeldía artística y su negación será lo que motive la búsqueda de lo original, lo distinto, lo innovador y, con el tiempo, lo creativo. Ha cambiado el concepto de arte, de las reglas a las no reglas, y para que el arquitecto alcance el rango de artista debe expresarse en su obra buscando los nuevos valores.

La represión expresiva: cliente vs diseñador

Hay quienes se atreven a diseñar sin ser profesionales; sin embargo, estas personas, aunque diseñan, no son diseñadores, mucho menos (¡jamás!) serán artistas, pues aún dentro del campo profesional no todos los diseñadores son artistas. Este es un privilegio difícil de alcanzar, reservado a aquellos que saben expresarse en su obra. En el caso del arquitecto, cuya obra no es la arquitectura sino el diseño, la oportunidad de ser artista parece hallarse en la forma de expresarse en éste.

Pero cuando el diseñador se encuentra frente a la hoja en blanco con el lápiz dispuesto a vencer con éxito sus más ocultos miedos y a manifestar lo que es, lo que siente y lo que sueña, surge un pequeño inconveniente, apenas visible pero muy incómodo: el cliente, ser creado para intentar, por todos los medios, coartar nuestro impulso creativo y nuestra más sentida expresión.

¿Qué diseñador no ha tenido que pasar por la aprobación de su cliente? Hay una anécdota sobre Christopher Wren cuando realizaba el proyecto para la Catedral de San Pablo, en Inglaterra. Para "dejar constancia pública de sus ideas" (Carlos Montes, 2000, p. 47), y además mostrar cómo eran los diseños (hizo varios), presentó maquetas ante los clérigos de la catedral y personas importantes de la corte. Esto le produjo ciertos inconvenientes, según relata Carlos Montes (2000):

> Pues a la vista de los modelos, todos querían opinar, prefiriendo unos que la nueva catedral se ajustase a las formas longitudinales propias del gótico --es decir, a lo propuesto con el primer modelo--, mientras que otros se inclinaban por un esquema más francés o italiano, consistente en una planta centralizada coronada en cúpula, que es la ofrecida en el modelo que recibió la definitiva aprobación del monarca. En consecuencia, Wren decidió no realizar más modelos y trabajar en las modificaciones del proyecto tan sólo con planos y dibujos. (p. 47)

Wren dejó de expresarse en sus maquetas, porque había quienes, malamente, querían modificar su diseño. Anécdotas como éstas hay muchas en donde el cliente opina sobre el diseño y lo modifica. El cliente está constantemente supervisando el diseño, la obra de arte del arquitecto, algo inimaginable en el caso de cualquier otro artista. No puedo imaginarme que alguien se atreviera siquiera a sugerirle a Picasso que a uno de sus cuadros le quite o añada líneas mientras realizaba una de sus pinturas, pues muy seguramente Picasso lo hubiera despedido ipso facto a ese impertinente con un furioso portazo enviándole, de corazón, todo su odio. Con ninguna otra de las artes hay alguien que intente decirle al artista qué hacer, pero al arquitecto le sucede todo el tiempo, ¿por qué? Resulta que el diseño es solicitado por un cliente que requiere de un objeto que será para él, para el cliente, y que en ese objeto quiere proyectar lo que es, lo que anhela, lo que sueña, no los deseos de expresión sentimental del arquitecto y, por lo tanto, se siente con el total deber y confianza de dar directrices de diseño y de opinar sobre la forma de éste, entrometiéndose, muy entendiblemente, en el proceso.

Y es que a diferencia de las demás artes, el diseño arquitectónico no es un fin en sí mismo. La pintura, la música, la danza o la poesía no pretenden otra cosa con la obra que la obra en sí. En cambio, el diseño arquitectónico es un medio de producción que permite llegar a un objetivo final: la construcción de un objeto, llámese casa, escuela, parroquia o centro cultural. Cualquier otro artista puede comenzar a trabajar por el simple hecho de quererlo, un pintor hace su cuadro y luego busca una galería para vender su obra, un poeta escribe y luego publica e intenta vender su obra; pero un arquitecto que se pone a diseñar por meritito gusto, sin tener previamente un encargo, corre un riesgo mayor que el del pintor o el escritor, pues un proyecto implica una cantidad de recursos mucho mayores y será muy difícil, por no decir imposible, que en un jardín del arte, donde los pintores venden sus cuadros, alguien le compre a un arquitecto un proyecto.

El panorama es desolador. No importa hacia donde miremos: si lo que es arte es el objeto construido y resulta que el cliente es el dueño de ese objeto porque su dinero posibilitó la construcción y entonces el comitente es el artista; si lo que es arte está en el diseño entonces el cliente junto con el arquitecto son los artistas, pues ambos participan del diseño del objeto; si el arte está en cómo se expresa en el diseño, entonces el artista es nuevamente el cliente, pues son sus ideas, anhelos y sueños los que se manifiestan en el diseño que posteriormente será una construcción. El panorama es muy desolador.

La creatividad: el último refugio del arquitecto que quiere ser artista

Sin embargo, nos sigue quedando la esperanza de que el arquitecto pueda ser artista en la capacidad de interpretar las ideas del cliente, es decir, cuando recibe el encargo, realiza la entrevista a su mecenas y traduce los anhelos de éste, corrige y modifica según se lo solicitan, realizando todo de forma creativa, innovadora y original. Quizá aquí está la esperanza del arquitecto de ser artista y su trabajo, arte.

Pero nos ha sucedido más de una vez que cuando hacemos un diseño creativo y se lo mostramos al cliente nos pide que cambiemos cosas, a veces precisamente aquellas que considerábamos lo original del diseño. En la academia no es muy diferente, pues después de que el alumno se desvela trazando creativamente, el profesor le solicita cambiar el proyecto. ¿Por qué sucede esto? ¿Por qué cuándo creíamos que nuestro diseño era originalmente creativo no es considerado como tal? ¿En qué nos equivocamos?

Por una parte la respuesta está en la definición de creatividad, la cual, según Mihaly (1998), muy distinto a como creemos, "no se encuentra en la cabeza de las personas, sino en la interacción de los pensamientos [o acciones] de una persona y un contexto sociocultural. Es un fenómeno sistémico más que individual" (p. 41). Mihaly identifica tres elementos dentro de este fenómeno sistémico: un campo, un ámbito y la persona que produce algo. En el caso de lo arquitectónico el campo es la arquitectura como disciplina, el ámbito son los expertos que publican sus criticas en libros o revistas y arquitectos connotados; y la persona el arquitecto-diseñador. En este fenómeno los diseñadores ponen a consideración de un ámbito su trabajo y no es hasta que el ámbito lo evalúa como creativo y distinto que el trabajo recibe estos calificativos, nunca antes de esta relación. Hacerlo previo al veredicto, creer que lo que hacemos tiene a priori estos valores o considerar de manera individual que los tiene, es engañoso.

Por otra parte, el problema está en que los críticos de la arquitectura valoran como arte el objeto construido, no el diseño. Esto es fácil de corroborar. Tomemos cualquier libro de historia del arte. Veremos que las imágenes que se muestran en el libro de lo que se considera arquitectura-arte son imágenes de objetos construidos, no de los diseños de esos objetos. Las pirámides de Gizha, el Coliseo Romano, la Basílica de San Pedro, la Villa Savoye. Todos son [imágenes de] objetos construidos. No nos muestran el proceso de diseño, no los planos, perspectivas o maquetas, pues, en la mayoría de los casos, mucho de este material ni siquiera existe. Y cuando algún libro los llega a mostrar lo hace para reforzar la calidad de arte del objeto, ciertamente atribuyéndole al arquitecto todo el mérito del diseño.

Así como existe la creencia colectiva de que la creatividad está en la cabeza de ciertos privilegiados y que, si allí está, tales privilegiados solamente deben desarrollarla, hay quienes creen que el arte surge por el simple hecho de querer hacerlo. Pero en el arte como en la creatividad la simple intención de ser artista y creativo no basta. Analicemos un ejemplo clásico, nuevamente el de Van Gogh. Mientras vivió no fue reconocido como artista, aún cuando él mismo se consideraba como tal. En su carrera como pintor apenas vendió un cuadro. Hoy día ni su fama ni su título son cuestionados y sus cuadros se cotizan muy alto. ¿Qué sucedió para que se diera este giro? Van Gogh y sus pinturas no cambiaron, pero la crítica sí, es decir, los que dicen saber sobre arte en un inicio no consideraron a Van Gogh ni artista ni creativo, pero al paso del tiempo esta opinión cambió y hoy día no hay duda de que Van Gogh es tan artista como creativo. Este ejemplo da fe de que el valor de arte no depende únicamente del artista.

En el caso de la arquitectura, el arquitecto que se adjudica la obra arquitectónica (con la total complicidad del cliente que cree artista al arquitecto), la pone a disposición de editores y críticos para que la juzguen y sean ellos quienes decidan si queda marcada como una obra de arte o no y con ello si el arquitecto es artista. Finalmente, en las revistas de arquitectura, ya sean impresas o digitales, se estampa el veredicto (sumamente variable en el tiempo) y se mediatiza la obra. Esta mediatización de la arquitectura es la que crea el imaginario colectivo que se expone al inicio de esta ponencia, en donde la obra es del arquitecto, aunque como hemos visto, es un imaginario cuestionable.

Y, sin embargo, se enseña

Es habitual que vayamos a una tienda a revisar revistas de arquitectura y demos por sentado que arquitecto y arquitectura sean inseparables. El arquitecto es artista y la arquitectura arte. Cuando cerramos la revista y nos retiramos sin mayores pretensiones no hay razones para dudar de lo que afirma la revista ni de hacer ningún tipo de revisión, investigación o cuestionamiento. Pero cuando un profesor de la carrera de arquitectura cierra la revista y se lleva el contenido para enseñarlo como si se tratara de un libro de texto o si un estudiante de arquitectura toma la revista como biblia, entonces hay un foco de alarma, porque el profesor le exigirá al estudiante que sea creativo y original, cuando lo creativo lo determina el mismo profesor; o en el afán de que hagan algo distinto, le pedirá al estudiante que se atreva, sin saber ni dar a conocer bien a bien qué significa atreverse, pues, nuevamente, será el profesor y no el esforzado y atrevido estudiante quien dirá si el diseño es atrevido o no.

Al no cuestionar estos imaginarios de la arquitectura, sobre todo dentro de un ámbito académico, se corre el riesgo de continuar una práctica derivada de un mal entendimiento que intenta reproducir en las aulas un modelo muy difícil de alcanzar en el campo laboral. Veamos las razones:

1) En el campo laboral son las construcciones terminadas las que alcanzan el valor de arte. Muy pocas veces, casi nunca, lo logran los diseños y si lo logran es porque son autoría de un arquitecto ya reconocido, con "obra construida".

2) Si son las construcciones las catalogadas como arte, entonces este modelo de la arquitectura como arte se vuelve imposible de repetir en las aulas, porque en éstas se enseña a diseñar y no se hacen objetos, no se construye, por lo que toda pretensión de ser artistas por parte de los alumnos, alentada muchas veces por los arquitectos profesores que entienden a la arquitectura como arte, es inútil.

Es necesario enfatizar esta marcada y sustancial distinción entre el campo laboral y la academia, pues entender que en las aulas se hacen diseños (dibujos, representaciones gráficas) y no objetos, que se producen imágenes, pero que nunca, jamás, se construye ni se construirá (por el simple hecho de que no se está inserto dentro de un campo productivo sino en un campo académico, donde, de inicio, no existe cliente alguno), podría enfocar la enseñanza del diseño a un cuidado del proyecto arquitectónico y a su evaluación exenta de cualquier intención de que sea arte, pero también evitando evaluar otros imaginarios como lo habitable (¿un dibujo se puede habitar?) o lo funcional (¿acaso no se evalúa lo funcional en un objeto que se usa?, ¿se usa un dibujo como, por ejemplo, se usa una casa?), características que son adjudicadas al dibujo, pero que solamente se pueden valorar y comprobar en el objeto construido.

Sin embargo, al no cuestionarse estos imaginarios, sobre todo los del arte y la creatividad, los alumnos intentan ser creativos mientras se desvelan, cosa que, según Mihaly, no serán hasta que expongan su proyecto ante un profesor que juzgue si el diseño es o no creativo y quien, con mucha seguridad, lo enviará a casa para que modifique sustancialmente su supuesto diseño innovador (pidiéndole nuevamente que se arriesgue, se atreva y se destrampe). Este trabajo constante, estas modificaciones permanentes serán necesarias si lo que nos motiva es incidir contundentemente en el campo del diseño arquitectónico, pues solamente el profundo conocimiento de este campo y el correcto desarrollo de las habilidades requeridas para la hechura del diseño nos permitirán ser reconocidos. Pero muy contrario a esto, una gran cantidad de alumnos, bajo la idea de ser artistas, creen que su primer dibujo es suficiente y si son rechazados creen que, lo menos, no son comprendidos por estar adelantados a su época, como Van Gogh. Modifican irritados su diseño, como cualquier artista se irrita cuando alguien le dice qué hacer. Este proceso frustra al alumno quien, si tuviera claro el funcionamiento del fenómeno sistémico de la creatividad y del arte, no ansiaría en su primer intento ni una cosa ni otra, en pos de su salud mental.

El costo de la arquitectura como arte
No toda la arquitectura es arte, para serlo debe ser reconocida y, principalmente, difundirse ampliamente en revistas especializadas. Cuando estas obras se vuelven paradigmáticas y adquieren cierto prestigio, sus formas llegan a reproducirse en las aulas de las escuelas de arquitectura. De esta manera, imágenes icónicas de proyectos desarrollados en los despachos de arquitectos famosos, preferentemente galardonados con el premio Pritzker, se repiten en los proyectos académicos. Formas a la Zaha Hadid, Frank Ghery, David Chiperffield o a la Herzog and de Meuron se pueden observar en ejercicios académicos muy frecuentemente. Esto no es despreciable, al contrario, llega a ser admirable el despliegue de destreza y conocimiento que los alumnos muestran de los programas CAD. Lo que puede ser revisable es si los alumnos, apoyados por los profesores, entienden las diferencias entre producir un proyecto de tales magnitudes en el ámbito profesional a elaborarlo en el ámbito académico. En este último no hay ninguna repercusión más allá de su calificación, pero si pretende participar en un proyecto en el ámbito profesional cuyas formas sean zahanianas deberá entender que estas formas generalmente se construyen porque existe un cliente sumamente adinerado que

las solicita. Y es que la voluntad formal del arquitecto va de la mano con la voluntad formal del cliente y sus posibilidades económicas. Si un cliente solicita un objeto, por ejemplo, una casa, y pretende una forma como las mencionadas y no posee el dinero para construirla, el proyecto quedará como mero diseño, plasmado únicamente en dibujos. Pero el cliente no solicita proyectos para enmarcarlos y colgarlos en la pared más vistosa de su departamento rentado, quiere que esos dibujos sean un medio para construir su objeto, por ejemplo, su casa. Por esta razón, es necesario que si el profesor alienta tales diseños le especifique al alumno los costos que pueden llegar a tener las construcciones que se realizan basadas en éstos. Y es que muchas veces el arquitecto recién egresado pretende, animado por los asombrosos proyectos realizados en la academia, animados por los asombrosos proyectos realizados en la academia pretende, al insertarse en el ámbito profesional, que el mundo se ajuste a sus diseños, cuando lo normal es que sus diseños se ajusten al mundo donde serán construidos.

Para darnos una idea de lo costoso que es construir un objeto basado en proyectos desarrollados en los despachos de reconocidos arquitectos, veamos tres ejemplos:

El Centro Acuático para los Juegos Olímpico de Londres 2012. El proyecto bajo el cual se construyó este centro fue elaborado en el despacho de Design Zaha Hadid Architects. Originalmente, el comité olímpico había presupuestado 75 millones de libras, pero el costo final fue de 269 millones de libras, casi 400 millones de dólares.

El Turning Torso, con un costo original de 81 millones de dólares terminó costando 126 millones de dólares. El hecho de que el presupuesto se fuera elevando provocó que Johnny Örbäck, quien le solicitara a Calatrava el diseño del edificio, fuera depuesto como director gerente de la cooperativa sueca de viviendas HSB.

El Museo Guggenheim de Bilbao. Este extravagante y multipremiado edificio tuvo un costo de 100 millones de dólares. En 1998 fue galardonado con el Premio Internacional Puente de Alcántara, el cual "está destinado a galardonar, dentro del ámbito iberoamericano, la obra pública que reúna, a juicio del jurado, mayor importancia cultural, tecnológica, estética, funcional y social, teniendo en cuenta, asimismo, la calidad técnica y estética y perfección alcanzada en la ejecución del proyecto". Por este proyecto a Ghery le fue otorgada la medalla de oro del American Institute of Architects.

Este es el costo del arte en arquitectura. Estos elevados precios, y sus consecuencias, son muchas veces los causantes de que los edificios sean tal como los vemos al caminar por la calle. Si un arquitecto desea hacer algo diferente, tanto en volumetrías como en materiales, será necesario convencer a un cliente dadivoso, quizá un heredero, de que se tiene el ingenio y la destreza de hacer algo original, tan original como el dinero lo permita.

El diseño aislado de su condición productiva

Hay algunas excepciones en donde el diseño deja de ser un medio y se convierte en un fin y, por lo tanto, en arte. Una de estas excepciones son los concursos de arquitectura que muchas veces se hacen sin la pretensión de que algo se construya. En este caso, el proceso de diseño es similar al de los ejercicios académicos, en donde los supuestos del programa arquitectónico, presupuestos, ubicación y uso, entre otros muchos, son hipotéticos. El diseño se vuelve un fin en sí mismo y no un medio de producción.

Otro caso son los proyectos desarrollados por algunos despachos de arquitectura o por arquitectos solitarios con muy buenas intenciones, pero sin un cliente que pretenda construir un objeto. En este caso, el arquitecto es el diseñador y se convierte, además, en un cliente sui generis, que demanda a su alter ego arquitecto un diseño y no un objeto. Al ser cliente y arquitecto, al mismo tiempo, se vuelve el único autor del diseño. Sin embargo, aunque exista una buena intención de que el proyecto sirva para algo, al no haber cliente solicitando un objeto, lo más seguro es que éste termine archivado como otro ejercicio académico.

Finalmente, podemos incluir otro caso más, el de las perspectivas fotorrealistas que hoy día se hacen para mostrar o vender proyectos. Estas imágenes de presentación de proyectos son similares a las que se hacían anteriormente con acuarelas, aerografía o cualquier otra técnica de presentación. Las representaciones gráficas de este tipo que alcanzan una calidad de arte, lo pueden hacer de manera independiente a la forma del diseño o al objeto arquitectónico, el cual al construirse puede no ser considerado arte. En muchas ocasiones quienes realizan estos trabajos no necesariamente son los arquitectos que desarrollan el proyecto, sino despachos especializados en la elaboración de renders.

Epílogo

No toda la arquitectura es arte. No todo lo construido es arquitectura. Esta discriminación es provocada por el entendimiento imaginario de que lo edificado, si es arte, entonces es arquitectura y si no, entonces es mera construcción. Hasta donde entiendo, es cuestión de posición social, el arquitecto artista llega a tener más renombre que quien no es artista y, por lo tanto, más encargos de clientes que creen que el arquitecto es el hacedor de las formas, sin darse cuenta que él también participa en la determinación de la forma del diseño y a la postre del objeto.

Esto del arte en la arquitectura no lo determinamos los arquitectos, lo determinan los críticos y los editores de revistas especializadas en el rubro, por lo que, si queremos ser artistas, además de ser un buenos arquitectos, habrá que tener un muy buen departamento de relaciones públicas.

En las aulas será necesario que tengamos claro que, mientras estamos en la academia, el cliente es inexistente y que por lo tanto, las ideas bajo las cuales se configura el diseño son nuestras y del profesor, pero que en el campo laboral existe un cliente que aporta ideas y directrices de la forma y que el objeto que se construirá es de él, no del arquitecto.

En el campo de la docencia debería prevalecer el trabajo del diseño sin una intención a priori de reconocimiento artístico, lo que nos permitiría enfocarnos en el objetivo propio de cualquier diseño: la forma y su representación, para que, al insertarnos al campo laboral, (en donde, por cierto, no solicitan artistas sino arquitectos con ciertas habilidades y destrezas), los diseñadores formados en las aulas de la academia, incluidos los docentes, seamos capaces de vivir sin frustrarnos por los múltiples cambios al diseño y de enfocarnos a la mejor configuración de la forma del proyecto de un cliente que lo que más le interesa es el objeto, mismo que usará para los fines que le convengan, tal y como lo haríamos nosotros de ser los clientes.

Si en algún momento lo construido, y con ello el diseño, se vuelven arte, que no sea nuestra responsabilidad.

Bibliografía

Ferrer, J. "Masonería, el arte de las catedrales", Historia de National Geographic, número 31, 80-92.

Montes, C. "Modelos ingleses del siglo XVII". De Balthazar Gerbier a Christopher Wren, en Ra Revista de arquitectura, número 4, 37-48, (2000, diciembre).

Muñoz, A., "El proyecto de arquitectura", Barcelona: Editorial Reverté, 2008.

Sikszentmihalyi, M., Creatividad: el fluir y la psicología del descubrimiento y la invención, Barcelona: Paidos, 1998.

Wladyslaw, T., "Historia de seis ideas: arte, belleza, forma, creatividad, mímesis, experiencia estética", Madrid: Tecnos Alianza, 2002.

Vinculación teoría-diseño arquitectónico, desde el rescate de la identidad cultural

ALEJANDRA OJEDA SAMPSON

En la tendencia mundial de globalización que se vive, en la que no pocas veces, se descalifica y devalúa la cultura de nuestra región en aras de un "progreso" impuesto por la clase socio-económica dominante, se puede observar que las obras arquitectónicas, sólo son el resultado de copias de la arquitectura de los países "desarrollados", sin que tomen en cuenta nuestro contexto natural, cultural y económico.

Por lo anterior, se convierte en una necesidad social, la reflexión y cambio sobre el trabajo formativo que se está realizando en los centros educativos para lograr una identidad cultural y una identidad de la sociedad consigo misma, a través de ese espejo escudriñador que es la arquitectura.

Para iniciar con dicha reflexión, realicé una investigación en la Universidad Latina de México, en la carrera de arquitectura, en las materias de Teoría de la arquitectura y Taller de diseño arquitectónico, del grupo de quinto semestre; con los siguientes objetivos principales:

a).- Conocer y sensibilizarse sobre la situación dentro del aula de clases;

b).- Conocer el concepto que tienen los alumnos sobre la Teoría de la arquitectura;

c).- Identificar los momentos, en el proceso de diseño, donde se trabajen los conceptos teóricos y

d).- Identificar en los alumnos el concepto de identidad cultural.

Dado que estos objetivos y en sí mismas las inquietudes que me llevaron a la anterior problemática, tienen un tinte netamente social y cualitativo -puesto que se refieren a sensibilizarse, identificar momento, etc.- decidí tomar el método cualitativo-etnográfico. Una de las características de este método es descubrir, durante la investigación, relaciones y situaciones que, en principio no se contemplaron o visualizaron, pero que aportan elementos fundamentales para el proceso formativo del alumno.

Como parte del resultado de esa investigación establezco cuatro apartados a los que llamaré "encuentros", ya que representan las interpretaciones en los que coinciden y complementan, reflexiones y análisis.

Como primer elemento de encuentro: el alumno no tiene claro el concepto de identidad cultural y mucho menos la relación de su diseño arquitectónico con ella. Cuando al alumno se le solicitó, o el ejercicio implicó el análisis de determinada obra arquitectónica -en la materia de Teoría de la arquitectura-, en la mayoría de las ocasiones estableció y vinculó elementos formales y conceptuales de la obra con el contexto en la que se encontró insertada. Pero cuando se le pidió, o cuando era parte del proceso mismo de diseño, justificara y fundamentara su proyecto arquitectónico, - en la materia de Taller de diseño arquitectónico-, recurrió básicamente a explicaciones en cuanto a función y un tanto a la forma, pero desligándola con el contexto, tanto urbano-arquitectónico, como cultural. Incluso en entrevistas que se les aplicaron a los alumnos, para precisamente comprender más esta situación, ellos manifestaron claramente, aunque de manera muy diversa, qué es cultura, pero no así cuando se les preguntó sobre la relación de la arquitectura con la identidad cultural.

El segundo elemento de encuentro es: el alumno no ha desarrollado las áreas necesarias para su adecuado desempeño. Después de varios trabajos escritos, dinámicas, entrevistas y observaciones a los alumnos, se captaron varios problemas de los cuales unos condujeron a otros. Para iniciar, se parte en que el alumno no tiene el hábito de la lectura, por lo que cayeron, como en cascada, otras situaciones: la mayoría de los alumnos presentaron problemas fuertes para expresarse correctamente, tanto en el plano verbal, como en el escrito; cuando se les pidió que realizaran trabajos que implicaron la reflexión, lo que hicieron fueron resúmenes, en el mejor de los casos o transcripciones directas; el alumno en raras ocasiones fue propositivo, normalmente esperó las instrucciones precisas para efectuar algo. Si nos detenemos un poco en lo anterior, también se comprenderá la dificultad que presentó el alumno para fundamentar y explicar adecuadamente su proyecto arquitectónico, ya que la correcta argumentación para cualquier actividad procede de la seguridad de comprender todas las partes que conforman el trabajo o estudio y ésta no llegará si no ha tenido encuentros crítico-reflexivos, o momentos propositivos en su formación.

El tercer elemento de encuentro es: el espacio donde se imparte la clase, sí modifica el interes por esta. Para explicarlo me remito a momentos fuera del aula de clases, en donde se visitaron obras arquitectónicas terminadas o en proceso de construcción. En todos esos momentos se apreció que el interés de los alumnos creció enormemente, ya que se analizaron "en vivo" los ejemplos; relacionaron conceptos, no sólo de teoría, sino de las demás materias en las obras que observaron con mayor facilidad y profundidad; se establecieron pláticas en el lugar entre los alumnos y maestro, de interés general, de manera por demás natural, interesante y espontánea. Y en contraposición, se observó que dentro del aula de clase, fue terriblemente fácil que decayera la atención del alumno por el tema y que sólo a través de dinámicas se pudo mantener "viva" y abierta la participación o trabajo de la clase.

Como cuarto elemento de encuentro tengo: el ambiente de trabajo es un aspecto de mucha relevancia en las apreciaciones del alumno. Para entender esta aseveración es necesario recordar que tanto en las materias teóricas y, principalmente, en las prácticas, como es el caso de Taller de diseño arquitectónico, se llevan a cabo relaciones interpersonales muy importantes y que dependiendo de cómo se lleven éstas, podrán ayudar o dificultar los procesos y objetivos que se tengan para la materia. Por lo que se decidió preguntar -y después de muchas observaciones-, directamente al alumno sobre qué cambiaría en el trabajo en taller.

Fue muy interesante encontrar que el alumno se manifestó principalmente sobre aspectos de ambiente de trabajo, incluso externó conceptos axiológicos como: libertad a la hora de diseñar; confianza entre las distintas partes; motivación para el trabajo; permitirles que se expresen abiertamente; que los tomen en cuenta, tanto para las decisiones dentro del aula, como las institucionales. Estos cuatro encuentros me llevaron a comprender que:

Alejandra Ojeda Sampson

1).- Las materias de Teoría de la arquitectura y Taller de diseño arquitectónico, se imparten de manera aislada y desvinculada; los temas y conceptos analizados en la materia teórica no se trasladan con la misma intención al proceso de diseño del alumno.

2).- Los ejemplos de reflexión arquitectónica vistos en la materia de teoría, no son elementos cercanos y propios del alumno, sino obras arquitectónicas que representan el ideal a alcanzar y que normalmente se toman de países europeos.

3).- No existe un trabajo profundo y serio sobre la importancia de la lectura y la investigación en el alumno, como parte de la formación integral del mismo.

4).- La reflexión y análisis de la arquitectura y su relación con el entorno, se realiza con imágenes o material no adecuado, por lo que no se alcanzan los objetivos deseados.

5).- La apertura por parte de los maestros de taller, no es la suficiente y necesaria para las propuestas de trabajo y proyectos, así como para que se instale la confianza y la empatía en el aula.

6).- Los valores humanos sólo se han manejado a nivel de misión del instituto, pero no se han instalado en el ambiente de trabajo.

Para combatir lo anteriormente expresado se sugiere que:

a).-. El maestro que sea titular de taller, sea el mismo que imparta la materia de Teoría de la arquitectura, para asegurar la comprensión y la vinculación de conceptos teóricos al proceso de diseño arquitectónico del alumno.

b).- En todas las materias y principalmente en las que he mencionado, se deberá fomentar y trabajar la investigación y lectura de temas, que lleven al alumno a desarrollar una conciencia crítica-reflexiva.

c).- Se deberán realizar con mayor frecuencia y objetividad sesiones o clases en el mundo "exterior" a la institución.

d).- Por lo menos un tema de trabajo de taller y por semestre, deberá resolver problemas reales y de servicio a la comunidad.

e).- El ambiente de trabajo del alumno deberá ser bajo el lema de: "acompañar al alumno en su proceso formativo" y en donde se instalarán la calidad, calidez, ética, eficiencia y eficacia.

f).- Se deberá hacer labor y concientización del trabajo en el aula, bajo el enfoque y perspectiva de los valores humanos, como fuente y fín del trabajo formativo del alumno.

119

Bibliografía
Ojeda S. "Vinculación teoría - diseño arquitectónico desde el
    rescate de la identidad cultural", Publicación Académica
    Arquitectura y Humanidades, www. Architecthum.edu.mx

Alejandra Ojeda Sampson

Aproximación y reflexiones en torno a una metodología de diseño

MILENA QUINTANILLA CARRANZA

Introducción

Una metodología, según Ferrater Mora, es "cuando se dispone o sigue un "camino" para alcanzar un determinado fin, propuesto de antemano" [1]. Por lo tanto, puede entenderse a la metodología como el conjunto de procedimientos que marcan el rumbo de una exposición doctrinal.

"Un método adecuado no es sólo un camino, sino un camino que puede abrir otros, de tal modo que o se alcanza un fin propuesto más plenamente que por medio del azar y la suerte, o se alcanzan inclusive otros fines que no se habían precisado (otros conocimientos, y tipo de conocimientos, de los que no se tenía idea o se tenía solamente una idea muy vaga)". (Ferrater Mora, 1979)

Así, trasladando estas ideas a nuestra disciplina, una metodología del diseño arquitectónico nos recomienda una serie de pautas a seguir para obtener como resultado un objeto arquitectónico de buena calidad, útil, bello, estable, confortable, sustentable, contextualizado y sobre todo habitable. Desde luego, cada problema de diseño es único e irrepetible, por lo que una metodología de esta naturaleza no va a resultar estática, rígida y exclusiva para cualquier problema de diseño, sino que se podrá ir ajustando, adaptando y transformando de modo que mejor convenga, pues como se menciona en el párrafo anterior que cita a Ferrater Mora, el método puede alcanzar otros fines que no había siquiera contemplado, lo que nos recuerda a Machado en sus *Proverbios y cantares* "... no hay camino, se hace camino al andar" [2].

En este documento, se tratan una serie de pautas a seguir teniendo como propósito una arquitectura que responda a las necesidades, inquietudes y anhelos de la sociedad que la habitará; tomando como base el trasfondo que aparece en la arquitectura, aludiendo a las ideas de Nicolai Hartmann en su tratado sobre estética. Pero además, se tomará en cuenta como pauta de diseño esencial la poética entendida como "el hacer profundo del orden", pues es desde ella que podemos diseñar desde la creación, desde el arte y desde la razón de ser del diseño y de la arquitectura: lo humano.

En la poética arquitectónica, la fuerza imaginativa procura intensificar de un modo libre y expresivo los componentes prácticos de la arquitectura, procura hacer expresivo el propio ser de la obra de la arquitectura; y se expresa por medio de formas arquitectónicos que actúan más allá de su uso puramente utilitario.

Autores como Octavio Paz, Gaston Bachelard y por supuesto Martin Heidegger, nos ayudarán en la comprensión y esclarecimiento de un método de diseño desde la filosofía del arte y la poética. Considerando a la arquitectura como una de las artes, y posteriormente comparándola con la música, encontramos que ésta última es de libre creación en el sentido de que no siempre tiene un objetivo determinado. En este sentido la arquitectura es lo contrario, pues está sujeta a un objetivo que va más allá de lo estético, debido a que tiene fines prácticos y utilitarios [3]; una arquitectura que no cumpliera con los parámetros que la convierten en habitable, resultaría pura escenografía o decoración.

Pero también debe cumplir con fines poéticos, porque no somos -arquitectos que solamente tenemos por oficio dominar la técnica, la antropometría o que dominen los estilos y la historia de los grandes monumentos arquitectónicos a través de los siglos-, "somos siempre un poco poetas y nuestra emoción tal vez sólo traduzca la poesía perdida" [4].

Asimismo, es necesario considerar que el proceso de diseño arquitectónico es un sistema, en el que el todo no puede explicarse por la mera suma de las partes, por ello, aunque en una metodología de este carácter no necesariamente se persiga el mismo orden, sí deben estimarse todos los aspectos mencionados, pues de lo contrario, se disolverían los estratos que le dan carácter, identidad, y que constituyen el deber ser de un objeto arquitectónico.

Las pautas de diseño que se presentan a continuación, no pretenden ser rígidas sino de carácter adaptativo y estar abiertas a los cambios internos y contextuales que puedan presentarse. A priori (conocimiento independiente de la experiencia constructiva). Antes de configurar e imaginarse un espacio, es deseable que el diseñador de espacios habitables, cuente con cierto bagaje cultural, científico, pero también filosófico y sobre todo sensible. Antes de siquiera esbozar el primer trazo de lo que "busca ser" un proyecto arquitectónico, es necesario que el sujeto creador habite imaginariamente el espacio a través de sus sentidos, pero también a través de los sentidos de muchas almas. En este recorrido cargado de posibilidades destinatarias, podrá apoyarse constantemente de la filosofía, del arte, de la psicología, de la antropología y sobre todo de sus propias experiencias de vida.

Para ello, podemos empezar por preguntarnos si lo que deseamos es construir obras de arte o simplemente edificios. Si deseamos ser arquitectos-artistas y poetas, no podremos diseñar meros contenedores de cuerpos con ciertas medidas, o sólo volúmenes que no se caigan, o sólo formas atractivas al sentido de la vista, para hacer auténticas obras de arte, podemos recurrir a las siguientes reflexiones filosóficas.

Reflexiones a partir de Martin Heidegger en *Arte y poesía*

¿Qué cosa es el arte? Martin Heidegger, en su texto *Arte y poesía*, define el arte como "el desocultamiento de la verdad en las cosas"; es decir, cuando algo se expresa de manera genuina, sin pretensiones, mostrándola cómo es al mundo de donde es. "Es un devenir y un acontecer de la verdad". Eso es arte.

Para ello, en primera instancia, nos explica que, si el origen del arte es aquello de donde una cosa procede y por cuyo medio es lo que es y como es, podríamos preguntarnos por el origen de la obra de arte –en este caso arquitectónica– empezando por descubrir "la fuente de su esencia".

Pero previamente a esto, podemos encontrar que aquello que es constante e invariante en las obras de arte es que éstas son tan naturalmente existentes como las cosas, y así Heidegger nos conduce por el esclarecimiento de los conceptos *cosa* y *cósico*.

Lo *cósico* que hay en la obra de arte es precisamente eso otro que la hace ser artística, ya que –si acudimos su ensayo *Construir, habitar, pensar*- el autor explica el concepto desde los orígenes de la palabra anglosajona *thing,* como aquello que coliga, reúne, y hace sitio a la cuaternidad (los divinos, los mortales, el cielo y la tierra). Pero así, también, como congrega, lo cósico en la obra de arte es aquello que revela lo otro; es alegoría y hace conocer abiertamente, nos dice el filósofo alemán.

Lo cósico consiste en aquello en torno a lo cual se han reunido las propiedades de la cosa. Así una cosa arquitectónica sería el *lugar* en torno al cual se congrega la vida humana y aquello que debemos promover en nuestros diseños a fin de que la obra sea congruente con todo aquello, tangible e intangible que le rodea. Por otra parte, lo sustantivo en la obra de arte, es el *ser útil*, que ya se mencionaba con anterioridad, el cual tiene una peculiar posición intermedia entre la cosa y la obra. Su creación implica técnica y utilidad. La forma y el material responden a esta utilidad. Así como las cosas, los objetos urbano arquitectónicos son los que son y cobran sentido cuando son habitados para el fin -o los fines- para los que fueron previstos. Y son tanto más útiles en cuanto menos se detiene uno a pensar esto, ya que existe una congruencia y coherencia perfecta entre todos sus elementos, físicos y abstractos.

El "ser de útil" descansa a su vez en el "ser de confianza" Este otro ser es el que "concentra en sí todas las cosas a su modo y según su alcance" y lo hallamos, apunta Heidegger, cuando nos encontramos en cercanía con la obra de arte y pasamos de súbito a estar en donde habitualmente no estábamos. La obra de arte es el hacer patente lo que el útil es por medio del ser de confianza. A este estado, puede llamársele el de la "desocultación de la verdad". El equivalente en nuestro referente, los objetos urbano-arquitectónicos sería cuando los espacios, por medio de su poética nos permiten abstraernos y pasar a un estado aislado en el que las cosas son como deben ser, como nos gustaría que fueran, este encuentro suele darse súbitamente y desde nuestra primera impresión.

Así, apunta Heidegger, "si lo que pasa en la obra es un hacer patente los entes, lo que son y cómo son, entonces hay en ella un acontecer de la verdad". Por lo tanto, en los objetos urbano-arquitectónicos que son artísticos, se puede ver la verdad a través de su forma y su materia, gracias a que "se ha asentado establemente" su utilidad y la confianza que nos brindan cuando revelan su esencia, el motivo por el que fueron erigidos, y el contexto socio histórico en el que fueron fundados. "La esencia del arte –y de los objetos urbano arquitectónicos artísticos– sería pues ésta: el ponerse en operación la verdad del ente". Y dicho ente es el ser del espacio que será habitado y, por tanto, útil, confiable… Diseñar y hacer obras de arte, "se trata de reproducir la esencia general de las cosas" y no de reproducir las mismas cosas. Así, por ejemplo, en la poesía, por medio de metáforas y alegorías que aluden a las cosas, podemos figurarnos lo que el poeta dice sin las frases coloquiales del día a día, sino por medio de frases que profundizan sobre la esencia de lo que se está diciendo por medio de connotaciones y algunas denotaciones.

Así, un objeto urbano o arquitectónico que denote y connote la existencia de una comunidad que le dio propósito, función, forma y vida, en donde pueda expresarse, y con el cual sus habitantes puedan identificarse, ésa es arte. Desde nuestra disciplina, nos es vital plantearnos las preguntas por el origen y la condición artística de los objetos urbano-arquitectónicos artísticos, ya que como teóricos de la arquitectura y futuros constructores tenemos la responsabilidad de sentar las bases para que nuestro entorno espacial sea cada vez más artístico en el sentido de que los diseños urbano-arquitectónicos sean capaces de *desocultar* la verdad poéticamente, "porque es poéticamente como el hombre habita esta tierra"; expresando la esencia de la cosmogonía de la comunidad para la cual fueron concebidos y así lograr que las comunidades puedan identificarse con ellos, puedan congregarse en sus espacios, puedan ser entrañables para ellos, y sentirse más humanos, aquí el mundo que nos acoge.

Reflexiones a partir de Octavio Paz en *En arco y la lira*
Octavio Paz en su libro *El arco y la lira*, nos ofrece una reflexión sobre el fenómeno poético. Un fenómeno entendido como una manifestación que se hace presente en la consciencia de un sujeto y aparece como objeto de su percepción; es decir Paz explica la manera en que la poética está directamente relacionada con la experiencia del ser humano. Sin concebir al ser humano: lector, espectador o habitante de una obra, no es posible hablar de la existencia del fenómeno poético.

Milena Quintanilla Carranza

Si trasladamos las reflexiones de este reconocido poeta, escritor y ensayista mexicano a nuestro referente: el diseño arquitectónico, entendemos que para que la arquitectura en verdad sea poesía, debe revelar este mundo y tener la posibilidad de crear otro [5]. Los elementos poéticos que se encuentran en el espacio natural son poesía en estado amorfo –nos dice Paz–; las obras poéticamente habitables son creación humana, poesía erguida, elementos a los que la creatividad y la sensibilidad humana les ha dado estructura; para así ponerlos al servicio de una comunidad. Así, las obras poéticamente habitables no son meros contenedores funcionales de actividades humanas sino "el lugar de encuentro entre la poesía y el ser humano" [6].

Por sí misma, cada creación arquitectónica poéticamente habitable es una unidad autosuficiente en donde las partes son a su vez el todo, nada sobra y nada falta. Cada espacio poético es único, irreductible e irrepetible, puesto que aunque se haga una copia exacta del mismo, su tiempo, su locación o sus supuestos morfogenéticos [7] de los que habla Wilherm Worringer, no podrán ser jamás los mismos, aquellos que dieron vida y esencia al modelo original sólo podrán haber coincidido una sola vez [8]. Aquí confirmamos las reflexiones de Heidegger, anteriormente expuestas, pues las auténticas obras de arte no deben repetirse, en cambio si su esencia, si las necesidades arquetípicas de bienestar espacial.

"Cada lengua y cada nación, engendran la poesía que el momento y su genio particular les dictan" [9], nos dice Octavio Paz. En este sentido el poeta arquitecto logra interpretar las necesidades más profundas con relación al espacio que su comunidad requiere, pone en orden elementos tangibles e intangibles, logrando un espacio en el que se plasma físicamente aquello que antes pareciera ser utópico, inexplicable e incomprensible. Es un traductor del hacer profundo del orden, intermediario entre poema y lector.

De este modo, es importante saber que al diseñar espacios, la única nota común a todos los espacios poéticamente habitables, y, por tanto, entrañables, consiste en que son productos humanos, pero las diferencias no son el fruto de las variaciones históricas, ni siquiera de los estilos, sino de algo mucho más sutil e inapresable: la persona humana que los diseñó; y su capacidad para ser interprete de una comunidad, más allá de sus propios gustos, tendencias y su propia visión del mundo [10].

Es también importante desaprender la noción de los estilos arquitectónicos y no inmiscuirse en la corriente de los ismos, pues cuando un arquitecto adquiere un estilo, una manera particular de diseñar, no puede llegar a ser poeta, se convierte en constructor de contenedores de actividades humanas, puesto que no logra ver más allá de su perspectiva individual, de su afán por firmar monumentos.

En cambio, el poeta arquitecto, adapta o imita el fondo común de su época –tiene conocimiento de los estilos– pero trasmuta todos esos materiales y realiza una obra única y jamás antes vista, puesto que logró salir de una tendencia para poder llegar a una esencia. Los estilos arquitectónicos (también llamados ismos de la arquitectura), nacen, crecen y mueren. En cambio, los poemas arquitectónicos permanecen y cada uno de ellos constituye una unidad autosuficiente, se convierten en un ejemplar aislado que no se repetirá jamás. "Ser un gran –arquitecto– quiere decir ser un gran poeta: alguien que trasciende los límites de su lenguaje" [11].

Por otra parte, debemos ser conscientes de que el éxito de los objetos urbano arquitectónicos, de los espacios habitables, no se expresa en el momento en que se construye la obra, puede ser un poema si y sólo si es habitado, y es deseable que sea habitado poéticamente. Porque la obra arquitectónica poética es creación original y única, pero también, así como el poema, es lectura y recitación: participación. El arquitecto poeta la crea; el habitante al habitarla, la recrea. Arquitecto poeta y habitante son dos momentos de una misma realidad [12].

Esto se logra cuando el poeta arquitecto opera de abajo para arriba: de los anhelos y el imaginario de su comunidad, a la materialización de estos por medio de espacios habitables. La obra así, regresa a sus fuentes originales y se vuelve objeto de comunión. La relación entre el poeta arquitecto y su pueblo es orgánica y espontánea [13].

Por medio de las reflexiones de Paz también podemos ver que las obras arquitectónicas del poeta arquitecto son atinadas en cuanto a los gustos, necesidades y anhelos de las personas que lo habitarán. El arquitecto poeta transforma, recrea y purifica estos conceptos abstractos, y después los convierte en algo tangible, poniéndolos al servicio de la comunidad [14].

Asimismo, el poeta arquitecto crea obras míticas, que provienen de un pasado que trasciende hacia el futuro, pero está dispuesto a realizarse en un presente [15]. Sin embargo, no toda obra arquitectónica construida bajo las leyes de la composición contiene poesía... así como no todo poema construido bajo las leyes del ritmo, la rima y el verso contiene poesía. Hay máquinas para disponer los elementos de un espacio funcional y dar formas sugerentes a éstos, pero estas máquinas no garantizan poder convertir una obra arquitectónica en un espacio poéticamente habitable [16]. La diferencia estriba en que las máquinas de habitar a diferencia de las obras arquitectónicas poéticamente habitables, no logran reproducir experiencias humanas en las que el ser vivió momentos poéticos, encuentros con su mundo y con los otros; estos espacios los evocan, los resucitan, los despiertan y los recrean por medio de sus "tránsitos y demoras" [17].

Los espacios poéticamente habitables logran presentar ante el habitante que se adentra en sus recovecos, momentos de purificación, recreando y reviviendo las experiencias de lo verdaderamente real, lo trasladan hacia aquello que había olvidado ya, hacia lo que realmente es él... recordando a Heidegger en su expresión: "yo soy, yo habito" [18], los espacios poéticamente habitables, logran vincular la esencia del ser con su cuerpo errante entre espectáculos y distractores que le impiden reencontrarse consigo mismo [19].

Reflexiones a partir de Gaston Bachelard en *La poética del espacio*
Otro texto que nos aporta reflexiones con relación a una metodología de diseño en el proceso creativo del diseño arquitectónico es *La poética del espacio* de Gaston Bachelard. Este filósofo (epistemólogo), poeta, físico, profesor de física y crítico literario francés, nos dice que el poeta espacial debe ser capaz de captar al ser del hombre en su actualidad.

Explica que hay procesos creativos, que no necesariamente requieren un conocimiento técnico o científico. Pueden surgir desde una conciencia ingenua, siempre y cuando esta sea sensible, y, sin embargo, el resultado puede ser poético; pues el poeta arquitecto, "en la novedad de sus imágenes es siempre origen del lenguaje"; es decir, se expresa de una manera pura que se instaura en nosotros porque comprende nuestras necesidades espirituales humanas más primigenias y permanentes.

Para crear este tipo de espacios, no hace falta más que un movimiento del alma de su creador, un movimiento que se instaure en todas las demás almas. En esos momentos creativos del espacio el alma dice su presencia y, por lo tanto, al ser habitados cobran su presencia congruentemente con su diseño. Esta reflexión cuando dice que poeta y lector son dos momentos de una misma parte.

"La poesía es un alma inaugurando una forma" [20], nos dice Bachelard; así, el arquitecto poeta, es un sujeto –sensible– que conoce y percibe otras almas, otros anhelos, otros deseos y necesidades espaciales además de las suyas, inaugurando así un espacio arquitectónico poéticamente habitable.

Al recorrer o habitar este tipo de espacios, la lectura del mismo nos lo ofrece, echa raíces en nosotros mismos. Lo recibimos, pero al mismo tiempo tenemos la impresión de que hubiéramos podido crearlo nosotros mismos, de que hubiéramos debido crearlo, puesto que congenia con nuestras expectativas y necesidades físicas pero también espirituales, nada sobra y nada falta en ellos. Es así como el espacio se convierte en nuestra segunda piel, en parte de nosotros y nos hace retornar cuantas veces sea posible, porque "es a la vez un devenir de expresión y un devenir de nuestro ser en donde la expresión crea ser" [21]. En este sentido, los diseñadores de espacios urbano-arquitectónicos, deberían mirar a lo más profundo de su propio modo de habitar, reflexionar y detenerse para dilucidar cómo hacer para que estos espacios puedan en efecto, ser entrañables, ser útiles, ser de confianza y *crear ser* al ser recorridos y habitados por individuos, familias o comunidades.

Bachelard apunta que "todo lector que relee una obra que ama, sabe que las páginas amadas le conciernen" [22]; del mismo modo, toda persona que busca volver a recorrer un espacio que ama, sabe que sus vanos, macizos, cuartos, sótanos, guardillas, patios u lucernarios le conciernen. Y todo esto es posible porque como dice Jean Lescure: "el artista no crea como vive, vive como crea" [23]. Así, el poeta arquitecto no proyecta como vive, vive como proyecta y en la medida de que este sujeto creador sepa habitar poéticamente podrá diseñar espacios poéticamente habitables. ¿Qué no es entonces nuestro deber aprender a habitar poéticamente?

La crítica de Bachelard apunta que "el espacio captado por la imaginación no puede seguir siendo el espacio indiferente entregado a la medida y a la reflexión del geómetra. Es vivido. Y es vivido no en su positividad, sino con todas las parcialidades de la imaginación (...) -pues- concentra ser en el interior de los límites que protege" [24]. Así los espacios habitables deben promover la imaginación de sus habitantes por medio del sueño y sobre todo de la ensoñación [25], ese estado de duermevela que nos permite vivir plenamente, Bachelard nos invita a defender las virtudes del espacio poético de la casa, lo cual a su vez podemos trasladar a cualquier espacio que diseñemos, nos dice: "...si nos preguntarán cuál es el beneficio más precioso de la casa, diríamos: la casa alberga el ensueño, la casa protege al soñador, la casa nos permite soñar en paz" [26]. Y reitera repetidamente su opinión a favor de los espacios que cobijan, que protegen y nos hacen sentí como en la casa natal, pues ella, así como los espacios poéticamente habitables, no es un simple cuerpo de vivienda en donde pasamos las noches, es un cuerpo en donde nacen, crecen y viven nuestros sueños.

Así como Bachelard defiende, previamente a configurar nuestros diseños arquitectónicos, podemos reflexionar sobre las sensaciones y sentimientos que emanan de la poética de los espacios en los que hemos habitado o nos hubiera gustado habitar. Una vez reflexionados estos conceptos que nos aporta la filosofía, el arte, la psicología y la antropología, entre otras disciplinas, podemos dar paso al proyecto arquitectónico concreto, el cual se reitera será único e irrepetible.

1.- Etapa de investigación y análisis inicial

Puede entenderse al diseño como una actividad mental y física que comprende deseos, proyectos, definiciones y especificaciones de una idea que se materializará para cumplir una o varias funciones; por ello, esta etapa es de suma importancia en una metodología de diseño, ya que deben comprenderse a fondo estos deseos, proyectos y definiciones del problema o necesidad en cuestión a fin de poder materializarlos. De igual manera, es importante considerar que una composición arquitectónica que no parta de un fin práctico previo sino de una concepción formal, está condenada al fracaso, puesto que entra notablemente en conflicto con su razón existencial. Así, una composición integral y constituida en todas sus partes debe ser una solución que parta de los aspectos prácticos y utilitarios, tales como el *conforto* biológico, el *conforto* espiritual, la ergonomía, la sintaxis espacial, entre otros; y posteriormente elija las posibilidades que éstos le permitan desde el punto de vista de la forma estética.

1.1.- Análisis del usuario

Para cualquier proyecto de diseño arquitectónico, previamente a definir espacios, dimensiones o elementos constructivos, es imprescindible conocer a aquellos seres que le otorgaran sentido al vivir y habitar el espacio, por ello Hartman apunta que "pueblos y épocas históricas pueden aparecer en sus construcciones" [27], pero esto no hubiera sido posible si los diseñadores de estas construcciones no hubieran sabido interpretar aspectos de una comunidad como los que se enlistan a continuación:

- Dimensiones físicas y necesidades biológicas
- Anhelos y creencias
- Tradiciones y costumbres
- Gustos estéticos

1.2.- Análisis del contexto

Además de que la arquitectura tiene la capacidad de poder revelar ante los sentidos del espectador el paradigma de la época en la que fue erigida, existen otros aspectos que también revelan mucho del contexto en el que la construcción fue erigida. Son escasas, pero de gran valor, aquellas obras que logran conjugar positivamente cada uno de los tipos de contexto que se enuncian a continuación.

- Contexto histórico
- Contexto cultural
- Contexto simbólico
- Contexto económico
- Contexto social

|Milena Quintanilla Carranza

- Contexto político
- Contexto ambiental
- Contexto urbano

Sin embargo, el arquitecto del tiempo presente y futuro, debe plantearse como meta el logro de dicha conjugación, a fin de que la comunidad para la cual el proyecto arquitectónico está concebido, logre identificarse con este y pueda significarle algo, tanto en el plano individual como en el plano social.

1.3.- Análisis del sitio

Una vez contemplados estos aspectos básicos tanto del usuario y el contexto en el cual se erigirá la obra. Puede darse paso a un análisis de sitio, en el cual ya no sólo se evalúen aspectos cualitativos del proyecto sino otros que puedan cuantificarse, tales como:

- Temperatura
- Ventilación
- Asoleamiento
- Humedad
- Vegetación y fauna endémicas
- Ruido
- Orografía

2.- Análisis de los recursos disponibles y/o limitantes

Como se ha mencionado en párrafos precedentes, la arquitectura es la única de las artes que se encuentra atada por fines prácticos y utilitarios, y quizás por ello es la más limitada de todas y la que implica un mayor desafío, pero esta acotación puede ser incorporada en la composición total, de tal modo que se haga visible y "aparezca" (se revele) en la construcción al mismo tiempo que se soluciona el problema de diseño, esto significa convertirlo no en obstáculo sino parte indispensable de la obra. Así, el arquitecto debe considerar, analizar y estudiar los recursos del sitio, económicos, de mantenimiento con los que se contará a lo largo del desarrollo del proyecto y estos deberán constituir parte fundamental del diseño, el arquitecto debe saber integrarlos y expresarlos explícitamente en la construcción, pues cuando se intentan matizar y desvanecer en el todo, muchas veces se cae en la evidencia.

3.- Jerarquización de actividades y espacios

Una vez que se han reflexionado y analizado los incisos anteriores, se puede dar paso a la determinación de las actividades que serán llevadas a cabo en el espacio arquitectónico que se diseñará, asimismo, se pueden determinar el tipo y las características generales con los que cada espacio contará. Es importante que en todo momento, se tengan en cuenta los análisis previos del usuario, del contexto y del sitio que se mencionaron con anterioridad, siendo cada una de las etapas del diseño una suma holística e integral y no un listado de elementos aislados e inconexos.

4.- Relación de espacios mediante un diagrama

Habiendo determinado las actividades y las características de los espacios en las que éstas podrán llevarse a cabo, se puede dar paso a una elaboración de un diagrama de relaciones a manera de "sintaxis espacial", en el cual se reflexione y especifique cuáles espacios podrán o no estar separados de otros. Este diagrama tiene como objetivo el comprender de manera gráfica las necesidades de correlación entre las partes del proyecto y así poder plasmarlas en un diseño conjunto que posteriormente se materializará.

5.- Diseño de esquema básico o hipótesis de diseño

Para llegar a este punto, es necesario haber contemplado previamente los apartados anteriores de manera analítica y reflexiva. Esta hipótesis de diseño, consiste en el primer planteamiento de carácter formal que considere todos los estratos, tanto los externos que expresan los fines prácticos de la arquitectura; como los internos, que nos dicen algo de la vida y del ser anímico de quienes y para quienes se diseña el proyecto arquitectónico: la composición según un propósito, la composición espacial, la composición dinámica, el espíritu o sentido en la tarea práctica, la impresión de conjunto de las partes y el todo y la expresión de la voluntad vital y el modo de vida de la comunidad para la cual el proyecto está contemplado. Es así como la hipótesis de diseño resulta de la integración de todos los análisis precedentes.

6.- Determinación de componentes tecnológicos

En todo proyecto de diseño, es necesario considerar las técnicas constructivas, sistemas estructurales e instalaciones más convenientes para el edificio en cuestión. Esta consideración puede llevarse a cabo, ya sea durante o previamente a la configuración y acomodo de los espacios, pero es poco conveniente que se conciba posteriormente a dichas etapas, puesto que se puede traducir en demoliciones que a su vez implican mayor gasto de recursos y energía.

Uno de los mayores retos con los que se enfrenta el arquitecto en el desarrollo de proyectos, estriba en el dominio del oficio tectónico, es decir en el de aprender a dominar la materia, por las cuales muchas veces puede verse limitado. Hartmann sugiere que "puede verse en general, toda la historia de la técnica de la construcción, como una lucha enorme con la materia" [28]; y que cada solución original e innovadora pasa a ser una victoria que gana la creatividad del diseñador sobre los materiales restrictivos.

Por ello, el arquitecto debe estudiar y profundizar sus conocimientos en materiales y tecnologías constructivas que puedan traducirse en mejores resultados, tanto en el proyecto en cuestión como a nivel global, pues muchas de éstas consideran un ahorro en gasto de los recursos naturales que poco a poco escasean en nuestro planeta. De igual modo, el arquitecto debe ser alguien con la capacidad de poder proponer nuevas tecnologías que superen a las anteriores.

7.- Selección de principios ordenadores y determinación de pautas compositivas

Nicolai Hartmann afirma que el constructor genial encuentra escasos medios importantes de relación entre volúmenes y sabe emplearlos correctamente justo allí en donde dependen de ellos efectos esenciales de la configuración. Por lo tanto, la composición espacial consiste en el ingenio y la creatividad que posee el diseñador para configurar espacios con ciertas limitaciones de carácter práctico y utilitario de por medio.

Sin embargo, no se llega a esta condición partiendo de la nada, es recomendable elegir como pauta de diseño alguno de los principios ordenadores que se han venido desarrollando desde la antigüedad, ejemplo de ellos podrían ser los cánones clásicos, los sistemas de proporción áureos, los basados en la antropometría, o los basados en módulos matemáticos, entre muchos otros, como los que no podrían lograrse sin medios computacionales y que evolucionan continuamente hasta nuestros días.

8.- Verificación de congruencia y respuesta a los planteamientos iniciales

En esta etapa, se analizará la propuesta resultante de la hipótesis de diseño y se podrá replantear con base en modificaciones requeridas por las pautas de diseño o los componentes tecnológicos. Asimismo, se deberá verificar si la propuesta de diseño está cumpliendo cabalmente con los estratos que *aparecen* en la arquitectura; es decir, si es notable que el diseño propuesto está cumpliendo con sus fines prácticos y utilitarios establecidos y si está *desvelando* algo de la comunidad para la cual fue proyectado y del paradigma en el que fue diseñado, siendo honesta y congruente con su texto espacial y temporal.

9.- Partido arquitectónico

Es hasta este momento cuando el proyecto comienza a revelar su configuración formal definitiva. Este diseño expresará la voluntad vital de la comunidad humana que le da sentido de existencia al objeto arquitectónico, entendida como sus ideales, sus anhelos, sus nostalgias e inquietudes, desde las más someras hasta las más profundas. El partido arquitectónico es el resultado del análisis de la relación entre los distintos conceptos inmanentes a un espacio habitable, así como de sus estratos tanto internos como externos, que permiten llegar a concretar una idea de la forma del diseño arquitectónico y representarlo por medio de elementos gráficos.

10.- Anteproyecto arquitectónico

Esta última etapa del proceso de diseño, consiste en la materialización de las ideas y la conclusión del análisis del trasfondo de un proyecto, así como la representación gráfica formal; resultado del partido arquitectónico y de todas sus etapas precedentes, expresado ya sea por medio de maquetas, planos o imágenes digitales, que expliquen gráficamente el diseño del proyecto arquitectónico. Es un paso preliminar, que sirve para que el futuro habitante, visualice el diseño y verifique que éste sea una respuesta apropiada y congruente con su modo de vida. De ser aprobado, se da paso al proyecto ejecutivo, que consiste en una entrega formal de todos los documentos que justifiquen la razón de ser del diseño arquitectónico, así como todos los medios de representación gráfica o virtual que sirvan de guía para poder construir el objeto arquitectónico.

Conclusiones

Los espacios arquitectónicos que logran trascender en el tiempo, y ser validados por la historia tienen una cualidad en común. Esta estriba en el hecho de presentar coherencia entre el tiempo, el usuario, sus anhelos, sus necesidades tanto biológicas como espirituales; y su resultado plástico formal-espacial. Si se consideran cabalmente las pautas anteriormente descritas, podrá esperarse un proyecto arquitectónico habitable que cumpla con estas características extrínsecas e intrínsecas que todo buen diseño arquitectónico debería considerar, a fin de arraigarse adecuadamente en su comunidad y ser congruente con su paradigma espacial y temporal.

Por otra parte, es necesario considerar que un edificio ya configurado y construido, por muy insignificante que sea pasará a ser asunto directo de la comunidad en la cual se inserta, por ello, ninguno de los estratos de un proyecto debería pasar por alto durante el proceso creativo de un diseñador.

Notas

1. Ferrater, J. "Diccionario de filosofía", Alianza: México, 1979.
2. Machado, A. *Proverbios y cantares*. 1912
3. El "ser de útil" según M. Heidegger es lo sustantivo en la obra de arte, es el *ser útil*, el cual tiene una peculiar posición intermedia entre la cosa y la obra. El ser del útil de la obra de arte nos es importante para poder conocer los elementos con los cuales se pueda materializar la esencia del arte. Su creación implica técnica y utilidad. La forma y el material responden a esta utilidad. Así como las cosas, los objetos urbano arquitectónicos son los que son y cobran sentido cuando son habitados para el fin -o los fines- para los que fueron previstos.

4. Bachelard, Gaston, "La poética del espacio", México: FCE, 1975, p.36.
5. Paz, Octavio, "El arco y la lira", México: FCE, 2006, p.13.
6. Paz, óp. cit., p.14.
7. Concepto empleado en el taller de Arquitectura y Humanidades por la Dra. Ma. Elena Hernández.
8. Paz, óp. cit., p.15.
9. Paz, óp. cit., p.16.
10. Paz, óp. cit. pp.16-17.
11. Paz, óp. cit., p. 23.
12. Paz, óp. cit. p. 39.
13. Paz, óp. cit. p.4.
14. Paz, óp. cit. p.46.
15. Paz, óp. cit. p.62.
16. Paz, óp. cit. p.14.
17. Mijares, C. Término obtenido del título de su libro: "Tránsitos y demoras: Esbozos sobre el quehacer arquitectónico", Facultad de Arquitectura, UNAM, México, 2008.
18. Frase expuesta en su ensayo: Heidegger, Martín; "Construir, habitar, pensar", conferencias y artículos, Barcelona: SERBAL, 1994.
19. Paz, óp. cit. p.109.
20. Bachelard, óp. cit, p.13.
21. Bachelard, óp. cit, p.15.
22. Bachelard, óp. cit, p.18.
23. Lescure, J. en Bachelard, óp. cit., p.25.
24. Bachelard, óp. cit, p.28.
25. Bachelard habla de las virtudes de la casa en torno al sueño y al ensueño (songe et rêverie). El primero no sólo significa 'sueño': en francés es también un modo del pensar y del recordar ("songer à quelqu'un" es 'pensar en alguien'). El segundo, quiere subrayar también ese estado intermedio entre lo consciente y lo inconsciente, entre lo real y lo imaginado, o sea un estado de duermevela. En ese intermedio se revela el valor productor de las imágenes.
26. Bachelard, óp. cit, p. 36.
27. Hartmann, N., óp. cit, p. 149.
28. Hartmann, N., óp. cit. p. 151.

Bibliografía
Bachelard, Gaston, "La poética del espacio", México: FCE, 2011.
Ferrater, J. "Diccionario de filosofía", Alianza: México, 1979.
Hartmann, Nicolai, "Estética", México: UNAM, 1977.
Heidegger, Martin, "Arte y poesía", México: FCE, 1992.
Heidegger, Martín; "Construir, Habitar, Pensar", conferencias y artículos, Barcelona: SERBAL, 1994.
Paz, Octavio, "El arco y la lira", México: FCE, 2006.

Reflexión para el diseñador de arquitectura

MARCOS VINICIUS TELES GUIMARÃES

"¿Cómo puede uno conocerse a sí mismo? No por la contemplación sino por la acción. Procura cumplir con tu deber y sabrás lo que lleva dentro. ¿Y cuál es tu deber? Lo que pide el día".
Goethe, *Máximas y Reflexiones*, 1907)

Introducción

Nosotros habitamos el mundo de acuerdo con nuestra propia noción de existencia. El reflejo de nuestra vivencia se manifiesta en la cultura como un todo, nos permite, a través de la historia, ubicarnos en el tiempo. La historia es aquí entendida como la memoria material y espiritual a que nos referimos en nuestra experiencia con las cosas y con la sociedad. Luego, el estado del ser en el mundo está definido por las categorías filosóficas, artísticas y científicas que, en diálogo con la naturaleza, conforman la contingencia humana.

Nos deparamos ahora con las diferencias culturales presentes en las distintas manifestaciones sociales de nuestra historia. ¿Podemos nosotros pensar en la posibilidad de tener un sentido global de la vida humana? ¿Será posible llegar a una esencia universal a partir del conocimiento de una variedad multicultural? ¿Existirán valores únicos y globales que hagan referencia a un hombre genérico y desparticularizado? A nosotros nos parece más acertado que las humanidades no se encuentran en condiciones de homogeneizar sino de proporcionar una visión polifacetada y al mismo tiempo sintonizada con la realidad. El humanismo, en las palabras de Schiller, no renuncia a la verdad, ni por supuesto a la realidad, sólo pretende que sean más ricas o que se conozca su inagotable riqueza.

Ya no se puede pensar la arquitectura como una disciplina independiente, cuando nos encontramos en una época donde las áreas de conocimiento presentan incuestionables puntos de convergencia de ideas. Las ciencias humanas no son una excepción, como confirma María Elena Hernández: (...) la arquitectura comienza y termina en las humanidades, es decir, parte del hombre en su esencia y es para el hombre esencialmente. Y el arquitecto Jesús Aguirre añade además las categorías interdisciplinarias de las artes y de las ciencias, justificándose por el deseable dominio cultural del arquitecto idealizado por Vitruvio en *Los Diez Libros de Arquitectura*.

La arquitectura abarca, debido a su intrínseca naturaleza, a muchas de las áreas de conocimiento como son las científicas, filosóficas o artísticas, y contiene en sus estructuras una carga humanística que refleja la condición del hombre de habitante del mundo. ¿Cómo podemos pensar la arquitectura sin llevarse en cuenta los factores psicológicos de los usuarios, la necesidad fisiológica de los habitantes o la satisfacción espiritual de cada individuo? Nos parece necesario, para alcanzar resultados dignos de habitabilidad, tener una aproximación más espontánea a las problemáticas planteadas por la disciplina arquitectónica, y transferirnos así para una dimensión que nos haga confrontar con nuestra propia condición humana. En este punto estamos en pleno acuerdo con Carlos Chanfón cuando afirma que la arquitectura, considerada en forma integral como expresión del modo de vida de un grupo humano, reúne aspectos humanísticos que permiten comprender al hombre (...). Esto, juntamente con el contexto cultural que la historia nos ofrece, nos ubica en el mundo y nos dispone de un sentido espacio-temporal para actuar en el proceso de la producción arquitectónica.

Un área de estudio: Colonia Nativitas y Militar Marte

Proponemos aquí como un caso de estudio la región urbana en el límite entre las colonias Nativitas y Militar Marte, situado en la Delegación Iztacalco, Ciudad de México. Esta área está comprendida entre dos ejes viarios (5 y 6) en el sentido norte-sur, y por la calzada de Tlalpan (con su respectiva línea de metro – estación Nativitas) y el Eje 1 oriente en el sentido este-oeste. Está caracterizada por un uso residencial en su mayor parte, siendo que la Av. Plutarco Elías Calles funciona como un eje comercial que divide las dos colonias anteriormente mencionadas. Observamos además que esta avenida marca claramente la separación entre clases sociales como veremos a seguir.

El hecho que más nos llama la atención y que, consecuentemente, nos hace parecer interesante tomar este ejemplo de análisis en este trabajo, consta de la división de clases que representa la Av. Plutarco. Lo que llamaremos acá de Nativitas, se caracteriza por una ocupación de medio-bajo padrón, en cuanto Militar Marte se identifica según los cánones de una clase media. Lo que trataremos de analizar acá será precisamente los elementos diferenciadores o de igualdad entre los dos polos, retomándose así el comentario de Cassirer sobre la obra de Kant: El conocimiento humano sólo puede alcanzar su fin siguiendo ambos caminos y satisfaciendo a ambos intereses. Tiene que actuar de acuerdo con los principios reguladores: los principios de la similitud y la disimilitud, de la homogeneidad y la heterogeneidad. Entendemos que se habla de la condición de existencia individual y comunitaria de los seres, distinguiéndose el estado de cosas relacionadas al eu, y su interacción con la diferencia del otro. El mito, que se desarrolla exactamente con esta noción del ser en un universo diverso y al mismo tiempo identificable, es una objetivación de la experiencia social del hombre, no de su experiencia individual.

En la colonia Nativitas podemos identificar varios elementos y acciones que celebran esta condición social de los hombres. Empecemos por los servicios prestados por establecimientos comerciales como sastrería, correos, lavandería, salón de belleza o tlapalería: es un comercio local de barrio que sirve a los propios moradores. La tamalería, famosa por sus tamales oaxaqueños y atoles de arroz, atrae grupos de personas en sus balcones, que pacientemente aguardan por su vez. Hoy es viernes, día de tianguis en la Calle Elisa, dónde también está el mercado de frutas y verduras. Enfrente al mercado, se encuentra el señor que, desde su garaje, vende a los transeúntes sus deliciosos flanes, los cuales se puede saborear allí mismo o llevar casa en una bolsa plástica. A dos cuadras de ahí, al lado de la carnicería, encontramos una nevería donde se compran cremosos helados de cajeta. Allí cerquita se puede sentar en los bancos metálicos situados alrededor de la central de aguas del barrio. Plazas y jardines inexisten, pero al menos hay lugar donde se pueda descansar o tomar un poco de baño de sol. Domingo es día de misa, cuando se concentran en frente a la iglesia grupos de fieles, además de una camioneta de venta de productos oaxaqueños y una banca de panes y galletas. Si tenemos suerte, podemos darnos con la señora que gana su pan con el comercio de elotes cocidos. Pero ¿por qué nos detenemos tanto en estos aspectos de la vida cotidiana? Muy bien, sabemos que el mito no es nada más que la simplicidad misma, pues no se trata sino de la sancta simplicitas del género humano. Luego, si el mito está conectado íntimamente con todas las actividades humanas, que por su vez se manifiestan según las condiciones emotivas del propio lenguaje, podemos decir que los acontecimientos de nuestra experiencia diaria representan no otra cosa que ritos. "Los ritos son, en efecto, manifestaciones motrices de la vida psíquica", representan el elemento dramático de la vida religiosa, es nada más la satisfacción del "profundo y ardiente deseo que sienten los individuos de identificarse con la vida de la comunidad y con la vida de la naturaleza."

Pasemos ahora a la colonia Militar Marte. En este bloque del barrio seleccionado, no hay tráfico interno de automóviles, lo cuál se restringe a los propios moradores. Estos, a través de, probablemente, asociaciones locales, se disponen de guardia personal y cerramiento de calles por perfiles metálicos. Un lugar de uso público transformado en una área restricta por causa de la inseguridad que su propia ciudad proporciona. Las casas están pintadas, los jardines cuidados y no hay suciedad en las calzadas -los niños pueden jugar tranquilamente con sus vecinos sin sufrir ningún tipo de amenaza. Entonces nos preguntamos: ¿Será mismo que esta situación contribuye para el sentimiento fundamental de la humanidad identificado por Worringer en el culto dionisíaco, caracterizado por el profundo deseo que siente el individuo de liberarse de las ataduras de su propia individualidad, de sumergirse en la corriente de la vida universal, de perder su identidad, de ser absorbido por la totalidad de la naturaleza? Pero pasemos a los aspectos positivos, representados aquí, principalmente, por el callejón peatonal interno a las cuadras. Es en este espacio donde los ancianos caminan por las mañanas, muchas veces acompañados de sus fieles perros. Los papás lo usan para llevar sus niños a la escuela pública que está un poco más para allá. Árboles y pequeños jardines complementan este agradable ambiente que, todavía sin lugares de descanso y contemplación (simples bancos), representa un elemento de resistencia a la alienación colectiva.

Terminamos esta reflexión acerca de los mitos y ritos de nuestra condición humana, recordándonos de nuestras expresiones instintivas y emotivas, además de las puramente racionales. Nosotros no somos puros productos de la ciencia y, luego, el estudio del tema del mito no puede proporcionarnos una respuesta definitiva. Pues lo que deseamos saber no es la mera sustancia del mito, sino más bien su función en la vida social y cultural del hombre.

Jardín Mariano Matamoros

Otro caso de reflexión bien puede ser el Jardín Mariano Matamoros, área verde localizada en la colonia Militar Marte. Este jardín está localizado en el remate de una suntuosa avenida con palmeras imperiales en su calzada central. De dimensiones razonables, esta agradable plaza abarca acciones cotidianas de la población local: es ahí donde yo, por ejemplo, me voy a tomar baño de sol en los fines de semana. Bancos para sentar, quiosco de helados y un parque infantil ofrecen la infraestructura para disfrute de los usuarios.

El hombre y el instinto

El instinto y el intelecto. Mucha cosa nos sugiere la consideración de estos distintos términos. El primero nos remete al hombre primitivo, el cual no se encontraba todavía inmerso en la complejidad cultural presente en la contemporaneidad. La vida probablemente se daba a partir de la relación existente entre el cuerpo humano y las cosas físicas en su alrededor. El código biológico innato, juntamente a la percepción ofrecida por los sentidos orgánicos, permitía al hombre imponer al mundo su forma de vivir. Pero ¿será que se puede considerar como hombre, ser humano, a este animal irracional primitivo? Si la respuesta fuera afirmativa, la etología, entendida como parte de la biología que estudia el comportamiento de los animales, podría nos dar muchas pistas para investigar la condición instintiva de este hombre primitivo.

Este asunto nos interesa bastante, pues estamos convencidos de que las reacciones instintivas están siendo cada vez más enflaquecidas por la fuerza intelectual de la mente racional. No pretendemos aquí defender un regreso a un estado primitivo o una reducción cultural de nuestra vida comunitaria, lo que seria una idea retroactiva y negativa de la realidad. Nos apetece más identificar en nuestra manera de se relacionar entre sí y con las cosas, una falta de naturalidad con respeto al que de hecho deseamos. Dejar que las necesidades más íntimas y primitivas del alma accionen también en los juicios puede hacer con que nuestra interacción con el ambiente sea más humana, incluso más placentera.

Elegimos un ejemplo para intentar relacionar el asunto con la vida cotidiana: la virginidad. Para empezar, nos parece un tanto raro este valor haber sido atribuido con más fuerza al género femenino. Un científico de la medicina podría ensayar una explicación escatológica cuanto a la mutilación física -el rompimiento del himen- del cuerpo de la hembra, pero carecería en mucho de sentido lógico. Bueno, sentido lógico nos parece lo mismo no existir, una vez que identificamos a este estado de virginidad, nada más a una caracterización de un período todavía no fértil (en el sentido reproductivo) de determinado ser vivo, sea él vegetal o animal, macho, hembra o hermafrodita.

Con la organización social del hombre, se intuye que hubo un deseo de limitar la reproducción de la especie. Esto antes mismo del aparecimiento de la religión organizada, en específico la católica, donde tenemos nuestra referencia de imposición cultural. La virginidad está relacionada aquí con pureza, pecado, fidelidad, contención de deseos instintivos naturales. Hoy día, a pesar de dicha religión se encontrar más flexibilizada, todavía percibimos trazas de su control espiritual en los valores morales de la población. No queremos proclamar un manifiesto al sexo libre, como pretendieran los hippies en los 60s. Nada más pensamos identificar en nuestra cultura un patrón ideológico derivado de un prejuicio intelectual que nos priva del deleite de una vida más natural, instintiva.

El jardín de la colonia Militar Marte, lugar con una intensa actividad de niños. La infancia es un período realmente impresionante de la vida: es ahí donde nos encontramos más libres de los patrones racionales que serán nuestros compañeros hasta, tal vez, la extrema ancianidad, cuando algunos tienen la suerte (¿o azar?) de regresar a los estados primitivos de la humanidad. Es para pocos el placer de dar una vuelta en el parque a bordo del ultra microómnibus del señor H, nuestro eterno héroe. No tener la noción clara de dinero, enfermedad, peligro, contaminación o tiempo es un lujo que dejamos de tener como adultos. Estar en la cama elástica saltando, liberar la imaginación en la pintura de diseños o simplemente estar jugando con los compañeros, es un estado de felicidad totalmente desnudo de racionalidad. Es la retomada del primitivo contenido en todos nosotros.

Ahora bien, siguiendo con la discusión respecto a la posibilidad de leer el trasfondo de la arquitectura en las obras construidas. Este trasfondo según Nicolai Hartmann "aparece" cuando nos disponemos a vivir naturalmente un fenómeno del ver arquitectónico. Llena y anima así las formas, dotándolas de un carácter dinámico. Luego, cualquier tipo de solución de una tarea arquitectónica práctica permite reconocer su propio principio. ¿Será mismo posible que el trasfondo pueda ser percibido integralmente en las obras arquitectónicas poseedoras de los estratos más profundos identificados por el autor?

En la producción arquitectónica nos deparamos no raramente con prejuicios críticos que pretenden identificar los principios teóricos o prácticos generadores de las formas. Se pretende además, fijar la postura que el arquitecto tomó frente a la problemática confrontada. En entrevista posterior con el autor de la obra se descubre que, por lo menos conscientemente, no hubo la voluntad correspondiente a los principios anteriormente interpretados. No queremos con esto decir que no sea posible leer el trasfondo en una obra construida, sino que esta interpretación tiene sus alcances limitados. ¿Qué nos dirían las ruinas de Teotihuacán sobre el modo de vida de los indígenas? Sin embargo la arqueología nos daría muchas pistas sobre los rasgos culturales del pueblo anciano, pero una idea más o menos aproximada de la forma de vida de esta población parece estar lejos de se encontrar. Hartmann parece estar consciente de lo límites impuestos por el tiempo y la historia, pues fija como principal punto de referencia la experiencia de la vida misma: en última instancia la peculiaridad de una estirpe humana y su forma de vida no se caracterizan tan ciertamente por nada como por lo que corresponde a su vista cotidiana.

Semejante discusión sigue teniendo dicho autor con respeto a los estilos arquitectónicos. Para él, es posible identificar en las construcciones de determinada época los fines, deseos y metas de la cultura que la conforma. Existe así un condicionamiento interno manifiesto en la forma, que al ser percibida revela un trasfondo compuesto de estratos internos y externos. El estilo está representado por la producción de su época, que por su vez refleja, en un cierto grado, las condiciones históricas vigentes. No se puede entonces vivir en un tiempo que no corresponda al aquí y ahora, en un dado momento al cual pertenecemos intrínsecamente. Sólo puede construir como se construye, es decir, caer dentro del estilo de la época. Así sucede que los hombres estén atados, en épocas arquitectónicamente productivas, al estilo de su época.

Volviendo a nuestro objeto elegido para análisis: el jardín Mariano Matamoros. De salida podemos decir que esta labor será siempre derivada de una visión interpretativa personal y que, por lo tanto, no corresponderá ni al juicio de otros ni a la realidad. Cuanto a encontrar explícitamente los trasfondos que construyeron la obra, lo mismo se puede decir: responde a una percepción filtrada por la subjetividad y por una intuición no objetiva.

En dicho parque fueron previstas actividades de puro deleite para la población local. Los habitantes lo disfrutan como opción de relajamiento a la más grande urbe del mundo. Allí el grupo de niños se une para paseos en bicicleta. Los novios se encuentran para cambiar caricias. Los ancianos ejercitan sus esqueletos en las mañanas asoleadas. Es en este lugar donde la gente pierde, de cierta forma, su anonimato ciudadano. Hay proximidad, acción, contacto visual demorado. Este tipo de elemento urbano celebra una invitación a una reunión colectiva. El parque representa un microclima conformado por la imposibilidad de acceso viario, por una vegetación acogedora, por una invitación a disfrutar de sus estructuras. Si esta construcción ha sobrevivido al tiempo y a la vida cotidiana, luego refleja los ideales de los usuarios, pues el hombre construye su morada como se concibe a sí mismo.

Las personas, las que se distinguen
Declaramos héroe el señor H, un hombre que, en nuestro tranquilo jardín de la colonia Militar Marte, conduce niños y niñas

en su poderoso microómnibus. Es en este lugar donde aparece nuestro gran protagonista con su transporte metálico de ventanas translúcidas. Capacidad para alrededor de 8 infantes, los dos que se sientan adelante tienen la emoción de, imaginariamente, guiar la nave. Pero en realidad, el motor de la máquina son los fuertes muslos del increíble señor H que, desde fuera, en la parte trasera, impulsa y dirige el vehículo. Biiiiiiiiiiii!! grita nuestro héroe imitando una bocina cuando aparecen transeúntes en la calzada.

Es en la simplicidad del señor H que identificamos la caracterización de Thomas Carlyle del hombre que no nace para resolver los enigmas del universo. Lo que puede y debe hacer es comprenderse a sí mismo, comprender su destino y sus deberes. Para nosotros, los hechos sí se concluyen en la figura de un gran hombre, que por su vez puede tener una capacidad de accionar en una grado más sensible que el resto de la humanidad. Pero esta labor no se da de una manera individualista, pues un hombre sólo no puede cambiar los rumbos de la civilización; su acto libre que lo garantiza como sujeto, tiene que completarse con otro acto, por el cual reconozcamos a otros sujetos libres. Es todo un proceso cultural que conforma el conocimiento de cada época y que, finalmente, culmina en grandes éxitos muchas veces atribuidos a personalidades. Nos inclinamos más a entender este proceso como un hecho histórico derivado de la evolución del pensamiento de la comunidad como un todo, al revés de aceptar a los hombres singulares de Carlyle considerados ventanas místicas a través de las cuales alcanzamos ver más hondamente en los ocultos modos de la naturaleza.

El señor H parece compartir de la "filosofía de la vida" apuntada por Carlyle. Lo que piensa y hace está basado en su experiencia personal con las cosas. No tiene duda sobre la significación de su trabajo en la comunidad en que vive. Sus acciones diarias simplemente ocurren de acuerdo con el tiempo y el lugar que la abarcan. Señor H es el conductor que pasea con los niños en la plaza; es único, específico, sirve a la sociedad sin tener necesidad o aspiraciones políticas. Los niños están seguros en sus manos, pues su grandeza moral y su sensatez intelectual garantizan un viaje tranquilo y divertido. Nuestro héroe expresa sus sentimientos en las actividades cotidianas, sean ellas laborales o ociosas, distinción muchas veces no reconocida por él. Hacer y construir constituyen los motivos por los cuales señor H, sin cualquier necesidad de sentido lógico y racional de sus actos, expresa sus valores en la condición de vida humana. Es, está y acciona mediante su interpretación de la realidad imaginaria en que vive. El magnífico héroe de todos los tiempos no es otro que el señor H, un ser humano como otro cualquier que tiene la capacidad de estar y actuar en una sociedad.

Conclusiones

La arquitectura es, sin duda, una disciplina poética. Es poesía en la medida en que nos remete a nuestra condición como seres humanos. Seres activos en busca de una significación en nuestro quehacer cotidiano. El ejercicio del diseño arquitectónico no se basa exclusivamente en parámetros racionales conscientes. Nosotros estamos arraigados a una memoria que no necesariamente identificamos en nuestro estado de vigilia, pues son las potencias del inconsciente quienes fijan los recuerdos más lejanos. El inconsciente puede ser comprendido como culto al estado primitivo de nuestro ser, capacidad natural de aprensión de las imágenes circundantes del complejo estado de cosas en que vivimos. No nos dejemos dominar por las paranoias mentales impuestas por la sociedad moderna, hecho que tiende a debilitar nuestro intrínseco carácter instintivo. Hay que retomar nuestra más íntima razón de ser y abrir de nuevo el campo de las imágenes primitivas que han sido tal vez los centros de fijación de los recuerdos que se quedaron en la memoria.

El sentido de la historia en la labor de la arquitectura remete a la historia misma de la disciplina. Entendemos que nada surge de la nada, y que el presente deriva de una cadena de acontecimientos que remontan a la génesis humana. Llevarse en cuenta la historia no implica solamente una lectura temporal de hechos pasados, sino más una postura de incorporación de un sentido de memoria y recuerdo en nuestra existencia cotidiana. Nosotros, hombres culturales, estamos en relación directa con el mundo físico de cosas que acompaña la construcción dinámica del tiempo. El tiempo no está fuera de nosotros ni es algo que pasa frente a nuestros ojos como las manecillas del reloj: nosotros somos el tiempo y no son los años sino nosotros los que pasamos. El tiempo posee una dirección, un sentido, porque es nosotros mismos.

Pero ¿cuál es el papel del arquitecto en la sociedad? ¿En qué medida puede la arquitectura contribuir para edificar la comunidad, sin excluir grupos humanos marginados? Nosotros sabemos muy bien que los arquitectos no tienen poderes divinos y que, por tanto, no pueden se proponer a salvar el mundo. Lo que está en nuestro alcance consta en la diseminación de una posibilidad de vida más armónica con el medio ambiente, una interacción comunitaria más humana y que pueda generar frutos para las generaciones porvenir. Para esto, se depende de numerosos y diversos factores como políticos o económicos que muchas veces se encuentran fuera de nuestro campo de intervención. A lo que nos concierne, se puede y debe accionar de modo a propiciar al pueblo -al hombre común y sin distinción de clases- las vías para llevar el habitar a la plenitud de su esencia, pues sólo si somos capaces de habitar podemos construir... quizá un mundo más digno.

Bibliografía
Bachelard, Gaston, "La poética del espacio", México: FCE, 2011.
Heidegger, Martín; "Construir, habitar, pensar", conferencias y artículos, Barcelona: SERBAL, 1994.
Hernández, María Elena, "Antología para el taller de investigación: Arquitectura y Humanidades, CIEP / UNAM, México, 1999
Paz, Octavio, "El arco y la lira", México: FCE, 2006.

Marcos Vinicius Teles Guimarães

Sobre los autores

Patricia Barroso Arias

Arquitecta titulada por la Facultad de Arquitectura de la Universidad Nacional Autónoma de México, Maestra en Arquitectura (Mención Honorífica) y doctorando en la misma institución. Impartió cátedra a nivel Licenciatura en la Universidad Tecnológica de México, en la Universidad Latinoamericana y participó como profesor invitado en ISTHMUS Escuela de Arquitectura y Diseño de América Latina y el Caribe en la Ciudad del Saber en Panamá. A nivel posgrado, impartió diversos seminarios en las Maestrías de Arquitectura y Diseño de Interiores en la Universidad Motolinía del Pedregal. Fue Coordinadora General de la revista Arquitectura y Humanidades, CIEP F/A UNAM, tuvo a su cargo la Secretaría Académica de la Escuela de Arquitectura de la Universidad Latinoamericana, fue Coordinadora del nodo México-Argentina de la Red Hipótesis de Paisaje y fue Investigadora en el Área de Investigaciones y Posgrado (APIM) Universidad Motolinía del Pedregal. En el ámbito Internacional ha participado como ponente en diversos foros académicos y desde el 2001 a la fecha, ha publicado diversos ensayos en revistas académicas, especializadas, científicas y de divulgación cultural en países como México, Argentina, Chile, Costa Rica, Perú, Guatemala y España; colaborando también en arbitrajes para la Revista Mexicana del Caribe editada por el Instituto Mora y para Ciencia Ergo Sum editada por la Universidad Autónoma del Estado de México. Ha participado en la elaboración de los libros "La arquitectura en la poesía" y "El espacio en la narración: Arquitectura en la cuentística hispanoamericana contemporánea, una selección", editados por la F/A UNAM, contribuyó con algunos capítulos para el "Cuaderno latinoamericano de arquitectura No. 2", para los libros "Hipótesis de paisaje" de i+p editorial en Argentina y para el libro "De otros asuntos e historias de la arquitectura: interpretaciones poco conocidas o no divulgadas" de la FA/CIEP de la UNAM. Es autora de los libros "Ideas de arquitectura desde la literatura I", "Teoría e investigación proyectual en la producción arquitectónica" y "La expresión arquitectónica, su forma, su modo y su orden", editados por Architecthum Plus, México-USA. Actualmente participa como Tutora para estancias de investigación y como Co tutora en el Programa de Maestría en Arquitectura de la Universidad Veracruzana, es Profesor de Asignatura Nivel "B"

Definitivo en la F/A de la UNAM, donde imparte las asignaturas de Teoría de la arquitectura y de Proyecto, es Coordinadora de Contenido Editorial para la Colección "Arquitectura y Humanidades" en la Editorial Architecthum Plus y participa en el Atlas de Autores de textos teóricos de i+p editorial en Argentina, asimismo realiza varias investigaciones como autora independiente. En el campo profesional ha trabajado en empresas particulares realizando diversos proyectos de vivienda, accesibilidad urbana, diseño de mobiliario y remodelaciones de casa habitación.

Luz Gabriela González Rocha

Nace en Guanajuato, México, 1984. Arquitecta por parte de la Universidad de la Salle Bajío, campus León Guanajuato, 2008. Experiencia profesional en diseño de espacios privados y públicos. Interés en la crítica arquitectónica y transdisciplina dentro del proceso creativo. Actualmente, es estudiante del Posgrado de Arquitectura dentro del campo Diseño Arquitectónico, en la Universidad Nacional de México, con un tema de investigación "Manifestación y permanencia del instante poético en los espacios arquitectónicos".

Roberto Goycoolea Prado

Santiago de Chile, 31 diciembre 1956. Arquitecto, U. Técnica del Estado, Chile (1983), Doctor en arquitectura, U. Politécnica, Madrid (1992). Trabajo actual: Subdirector de Arquitectura, Escuela Politécnica, Universidad de Alcalá. Más de 30 cursos, seminarios y congresos en diversas áreas de la arquitectura y el urbanismo. Idiomas castellano, inglés, francés. Ejercicio académico Coordinador en México del Doctorado en Arquitectura y Urbanismo. U. Politécnica de Madrid y U. de Veracruz (1994-98). Ha impartido cursos, seminarios o conferencias en universidades de España, Puerto Rico, Chile y México. Ejercicio profesional Diversos proyectos y obras como arquitecto particular y como asociados. Ha recibido diversas distinciones profesionales.

Edgar Fabián Hernández Rivero

Arquitecto, formado en la Universidad de Guanajuato, con un

interés especial por las manifestaciones alternativas del habitar y aquello que se encuentra detrás de su creación. En su labor como investigador ha buscado acercarse al estudio de las diversas formas en que el ser humano es y se expresa en el espacio, pretendiendo, con ello, captar la esencia de una obra al diseñarla o analizarla. Actualmente cursa en la Universidad Nacional Autónoma de México el programa de Maestría en Arquitectura en el campo de conocimiento de diseño arquitectónico.

Concepción López González

Doctora Arquitecta por la Universidad Politécnica de Valencia (España). Catedrática de Expresión Gráfica Arquitectónica de la UPV, Profesora del Máster de Técnicas de Intervención en el Patrimonio y Directora del grupo de investigación I+D "Estudio de la patología en la edificación".

Jorge Anibal Manrique Prieto

Maestro en arquitectura (mención honorífica), UNAM. Arquitecto de la Universidad Nacional de Colombia, sede Bogotá; con profundización en vivienda. Ha trabajado en investigaciones de entidades públicas en Bogotá, como diseñador de proyectos en entidades privadas, y como profesor adjunto de posgrado en la Facultad de Arquitectura de la UNAM. Fue ganador de un primer puesto en la "X Anual de Estudiantes de Arquitectura" de la sociedad colombiana de arquitectos, con su proyecto de grado de licenciatura titulado: "Vivienda de alta densidad: Calidad en el Habitar". Proyecto que ha sido publicado en las revistas Escala Colombia y Replanteo. Ha participado en diferentes congresos y encuentros académicos como asistente y como ponente: en Noviembre de 2012 participó en el "XXIV Congreso Panamericano de Arquitectos" en Maceió, Brasil. Y en el año 2013 colaboró como parte del comité organizador y como ponente del "1er. Encuentro Académico Internacional: Reflexiones en torno al proyecto arquitectónico" organizado entre las maestrías en arquitectura de la UNAM y la UNAL, evento que se realizó en Bogotá, Colombia. Actualmente trabaja en una ONG desarrollando proyectos de infraestructura educativa para lugares marginados en México.

Federico Martínez Reyes

Maestro en Arquitectura por la Universidad Nacional Autónoma de México y Licenciado en Arquitectura por la Facultad de Arquitectura de la UNAM. Se desempeña como docente en la UNITEC desde 2006 y como docente de la UNAM desde el año 2000. Como investigador ha publicado en la página electrónica *architecthum.edu.mx* y en la revista argentina especializada en diseño y arquitectura *VonHaus*. Ha colaborado en varios libros enfocados a la relación entre humanidades y arquitectura, como: "La arquitectura en la Poesía" y "El espacio en la narración: Arquitectura en la cuentística hispanoamericana contemporánea" (una selección), ambos publicados por la Facultad de Arquitectura de la UNAM. Ha publicado también en revistas literarias como *(paréntesis)* y la revista *Cauces*. Como autor independiente tiene publicado un libro de minificción y prosa poética bajo el título "Entre muros y palabras". En agosto de 2013 fue invitado al Coloquio de Minificción que se llevó a cabo en la Facultad de Filosofía y Letras de la UNAM y participó en los *webinars* de la Semana de las Artes 2013, promovida como parte del programa de Desarrollo Docente de Laureate International Universities, con la conferencia titulada "Algunas reflexiones sobre el imaginario de la arquitectura como arte en el diseño arquitectónico y en su enseñanza". Desde el año 2004 se ha dedicado al estudio de la relación entre arquitectura, literatura y poética, y sus incidencias en la enseñanza del diseño.

Alejandra Ojeda Sampson

Doctora en Pedagogía, Catedrática de la escuela de Arquitectura de la Universidad Latina de México y autora del libro "Poblamiento y Agricultura en la Ciénega de Chapala".

Milena Quintanilla Carranza

(1986) Arquitecta por la Universidad Nacional Autónoma de México. Actualmente estudia la maestría en el campo de Diseño Arquitectónico e imparte clases de proyectos en el primer nivel de licenciatura de la misma institución. Asimismo, colabora en la Coordinación de Contenido Editorial del Comité Editorial para la Colección Arquitectura y Humanidades editada por Architecthum Plus. Ha laborado en diversas ramas de la arquitectura, como la planeación, la elaboración de proyectos ejecutivos y la administración de proyectos. Su interés en la docencia y la investigación giran en torno a la poética en la arquitectura, la creatividad y el proceso del diseño; por lo cual su integración se expresa en su trabajo de investigación titulado: "Resignificación de la creatividad arquitectónica. Hacia el diseño y construcción de espacios poéticamente habitables".

Marcos Vinicius Teles Guimaraes
Arquitecto y urbanista (UFMG-Brasil), Maestro en Arquitectura por la FA UNAM, Doctor en Arquitectura por la Universidad Politécnica de Cataluña y docente del curso de Arquitectura y Urbanismo en Arquitectura en la Universidad Federal de São João del-Rei.

157